lonely planet

BUDAPEST

EN QUELQUES JOURS

STEVE FALLON

Sommaire

Préparer son séjour 4

Église Mathias (p. 42), quartier du Château

GTS PRODUCTIONS / SHUTTERSTOCK ©

Explorer Budapest 31

Vaut le détour

Carnet pratique 150

Coups de projecteur

Bienvenue à Budapest

À cheval sur le Danube qui sépare les collines de Buda des rues animées de Pest, la capitale hongroise est une cité qui éblouit par son architecture – baroque, néoclassique, Art nouveau – et séduit par son cadre naturel – berges, bois, sources d'eau chaude. Mais la Perle du Danube n'est pas qu'une ville d'apparat. À la nuit tombée, elle revêt ses plus beaux atours pour se révéler l'une des villes les plus débridées d'Europe centrale.

Pont des Chaînes (p. 101)

Les incontournables

Palais royal

Joyau de la colline du Château à Buda, il fut durant plusieurs siècles le siège du pouvoir. **p. 34**

Bains Gellért

Des thermes aux allures de cathédrale. **p. 52**

Basilique Saint-Étienne

L'église et la relique les plus sacrées de Hongrie. **p. 96**

Musée national hongrois

Les plus importantes collections historiques de la nation. **p. 134**

Parlement

L'édifice le plus grand et le plus emblématique de Hongrie. **p. 94**

Citadelle et monument de la Libération

Une forteresse qui n'a jamais servi. **p. 54**

Parc des Statues

Un véritable cimetière de reliques du communisme. **p. 64**

Aquincum

Une ancienne cité romaine. **p. 76**

Bois de la Ville

Le poumon vert de Pest. **p. 146**

Grande Synagogue

La plus vaste synagogue au monde après celle de New York. **p. 116**

Gastronomie

La scène culinaire de Budapest a connu un profond changement ces dernières années. La cuisine hongroise s'est allégée, sans perdre ses saveurs simples et épicées. Nombre de restaurants totalement ou partiellement végétariens et même végans sont apparus, et le choix d'établissements proposant une cuisine autre que hongroise n'a jamais été aussi vaste.

Offre culinaire

On trouve désormais à Budapest un large choix de cuisines du monde – moyen-orientale, grecque, japonaise, indienne, chinoise et même végétarienne. Quant aux préparations à manger sur le pouce, les kébabs et les falafels ont détrôné le *lángos* (pain plat frit généralement garni de fromage et de crème aigre).

Cuisine hongroise

Composé de bœuf, d'oignons et de tomates, le *gulyás* (goulasch) est le plat emblématique du pays, même s'il est plus proche de la soupe que du ragoût. Quant au *pörkölt*, imprégné de paprika, il ressemble davantage à ce que les étrangers appellent goulasch. Le *halászlé* est une soupe à base de poissons d'eau douce pochés, tomates, poivrons verts et paprika. Dessert très prisé, la *palacsinta*, est une crêpe garnie de confiture, de fromage blanc ou de chocolat fondu.

Cuisine hongroise moderne

Mák Bisztró Des plats hongrois créatifs et un menu qui change tous les jours. (p. 102)

21 Magyar Vendéglő Dîner fin près du Château. (p. 45)

ESCA Studio Bistro moderne d'un excellent rapport qualité/prix. (p. 127)

Cuisine italienne et méditerranéenne

Babka Adresse branchée servant des plats d'inspiration méditerranéenne. (p. 111)

Marcello Ce restaurant italien sans prétention

TSUGULIEV / SHUTTERSTOCK ©

est apprécié des étudiants depuis deux décennies. (p. 59)

Pizzica La meilleure pizza italienne authentique de la ville. (p. 101)

Poisson et fruits de mer

Horgásztanya Vendéglő Bonnes spécialités hongroises au bord du Danube. (p. 45)

Bigfish Poissons et coquillages ultra-frais. (p. 102)

Halkakas Halbistró Frais, simple et d'un bon rapport qualité/prix. (p. 128)

Petit-déjeuner

Kőleves Bon choix de plats végétariens au petit-déjeuner. (p. 128)

Centrál Kávéház Café traditionnel avec une terrasse pour les matinées ensoleillées. (p. 90)

Sarki Fűszeres Café rétro dans une rue arborée : parfait pour le brunch. (p. 111)

À savoir

Pour faire des économies, faites du déjeuner votre repas principal ; la plupart des restaurants – y compris les plus haut de gamme – proposent des menus fixes bon marché.

Cafés et bars

Ces dernières années, Budapest s'est taillé une réputation (méritée) parmi les destinations d'Europe en matière de vie nocturne. Outre sa culture des cafés séculaire, la ville offre un cocktail magique de bars originaux, de vins fabuleux, d'eaux-de-vie maison et de bières artisanales, le tout dans une ambiance détendue.

Boissons et établissements

Pour goûter la bière locale (Dreher, Kőbányai et Arany Ászok), allez dans un *söröző*, un "pub" servant de la bière pression (*csapolt sör*) au *pohár* (0,3 l) ou au *korsó* (0,4 ou 0,5 l). Le *borozó* ou *bor pince* est un établissement traditionnel (très simple) qui propose du vin. Les bars à vins modernes servent des *deci* (décilitre, 0,1 l), ce qui permet d'en goûter un grand nombre.

Cafés

Les cafés (*kávéház*) font partie intégrante de la vie sociale de Budapest et nombre d'entre eux sont fort anciens, certains affichant plus de 150 ans d'âge. Les cafés nouvelle génération torréfient leur propre or noir et importent des grains spécifiques.

"Bars de ruines" et bars en plein air

Propres à Budapest, les *romkert* (ou *romkocsmák*, que l'on peut traduire par "bars de ruines") ont fait leur apparition dans la ville au début des années 2000, lorsque des bâtiments abandonnés furent transformés en bars éphémères. Parallèlement, pendant les longs et parfois très chauds étés, les *kertek* (littéralement "jardins") prennent le pas sur les bars et clubs les plus populaires.

Bars à vins et bars à cocktails

Dobló Bar romantique orné de brique, avec un vaste choix de crus hongrois. (p. 48)

LUMOKAJLINIOJ / SHUTTERSTOCK ©

Oscar American Bar Décor de cinéma et cocktails excellents au pied du Château. (p. 47)

DiVino Borbár L'endroit par excellence pour apprendre à connaître les régions viticoles de Hongrie. (p. 103)

"Bars de ruines" et bars en plein air

Instant Espace sur plusieurs niveaux, avec un bar pour chaque envie. (p. 130)

Élesztő Bière artisanale de grande qualité. (p. 144)

Szimpla Kert Le plus ancien et célèbre *romkocsma* de Budapest. (photo ; p. 129)

Cafés traditionnels

Művész Kávéház Pour observer les passants, avec l'Opéra en toile de fond. (p. 130)

Gerbeaud Cet établissement sert des pâtisseries et un café impeccables. (p. 83)

Ruszwurm Cukrászda Le plus ancien café de Budapest. (p. 48)

Bars perchés

High Note Roof Bar Sur le toit de l'Aria Hotel. (p. 103)

Leo Budapest À Buda, vue sur la colline du Château et le Danube. (p. 46)

À savoir

À Pest, les deux endroits préférés des noctambules sont VI Liszt Ferenc tér, une place branchée où vous devrez vous battre pour décrocher une place sous les platanes, et IX Ráday utca, une artère piétonne plus discrète, bordée de pubs, de bars et de cafés modernes, à Józsefváros. À noter encore V Szent István tér, située non loin de la basilique et de plus en plus prisée.

Shopping

Budapest est une ville fabuleuse pour le shopping – objets traditionnels, vêtements de créateurs pointus, chapeaux excentriques ou vin doux comme le miel. Les marchés avoisinent les immenses centres commerciaux, et l'on peut trouver côte à côte un fabricant de parapluies à l'ancienne et une boutique de mode avant-gardiste.

Spécialités et souvenirs

Parmi les produits traditionnels hongrois – appelés ici Hungarica – figurent les broderies et céramiques artisanales, la poterie, les tentures murales, les jouets et boîtes en bois peint, les poupées, la vannerie et la porcelaine (surtout en provenance de Herend et Zsolnay). Les oreillers et édredons, en plume ou en duvet d'oie, sont d'une qualité exceptionnelle.

Certains aliments, coûteux ou difficiles à acheter ailleurs, font aussi d'excellents cadeaux (si toutefois vous avez le droit de les importer dans votre pays) : foie gras d'oie (frais ou en terrine), champignons séchés, confitures (surtout celle d'abricot), charcuteries du type salami Pick, nombreuses variétés de paprika, etc. Des vins hongrois raffinés constitueront également d'excellents souvenirs ; une bouteille de vin moelleux Tokaji Aszú 6 *puttonyos* (le plus doux) est toujours appréciée.

Marchés

La visite des marchés constitue l'un des temps forts d'un séjour dans la capitale, pas tant pour faire des emplettes que pour vivre une expérience typiquement budapestoise. La ville en compte 20, pour la plupart situés à Pest. La grande majorité sont fermés le dimanche, et tournent au ralenti le lundi, avec quelques étals ouverts seulement.

FAT JACKEY / SHUTTERSTOCK ©

Artisanat

Herend Belle porcelaine hongroise, parfaite pour un cadeau ou un souvenir. (p. 49)

Memories of Hungary Souvenirs de qualité à deux pas de la basilique. (p. 105)

Holló Műhely Cet atelier/ boutique vend de l'artisanat populaire modernisé. (p. 90)

Livres

Massolit Books & Cafe Du neuf et de l'occasion, dans une charmante boutique ancienne dotée d'un petit jardin. (p. 131)

Központi Antikvárium Le plus grand et le plus ancien bouquiniste d'Europe de l'Est. (p. 137)

Habillement

Vass Shoes Chaussures classiques – sur-mesure ou prêt-à-porter. (p. 91)

Pannon Glove Gants en cuir de qualité. (p. 91)

Szputnyik Shop D-20 Vêtements vintage et mode originale. (p. 131)

Produits alimentaires

Nagycsarnok Immense marché vendant de tout : fruits et légumes, paprika, foie gras d'oie... (photo ; p. 137)

Bortársaság L'adresse incontournable pour acheter la plupart des vins. (p. 48)

Magyar Pálinka Háza Des étagères chargées de toutes sortes de pálinka (eau-de-vie de fruits). (p. 144)

Rues commerçantes

Antiquités V Falk Miksa utca (Pest) et II Frankel Leó út (Buda).

Livres anciens et d'occasion V Múzeum körút (Pest).

Mode et souvenirs V Váci utca (Pest).

Enseignes internationales V Deák Ferenc utca ("rue de la Mode") (Pest).

Articles de créateurs locaux VI Király utca (Pest).

Circuits organisés

Si vous n'avez pas le temps ou l'envie de concocter votre propre itinéraire pour découvrir Budapest, un circuit organisé est une excellente solution pour une première approche.

À pied

Des visites guidées à pied sont organisées par diverses agences. La plupart durent 3 heures et incluent les principaux sites de la ville.

Free Budapest Tours (www.generationtours.com/budapest). Circuits pédestres avec guides rémunérés uniquement au pourboire : soyez généreux ! Un circuit de 3 heures passant par les principaux sites débute devant la basilique Saint-Étienne, dans V Szent István tér, tous les jours à 10h30 et 14h30 (en anglais).

Absolute Walking Tours (www.absolutetours.com). Promenade de 3h30 dans le bois de la Ville, le centre de Pest et la colline du Château, avec passage devant le Parlement (photo) et pause dans un café. Organisée par l'équipe de Yellow Zebra Bikes. Départ quotidien depuis l'Absolute Tours Centre, derrière l'Opéra national de Hongrie.

En bus

Les circuits à arrêts multiples, qui permettent de monter et descendre à sa guise sont prisés.

Program Centrum (www.programcentrum.hu). Billets valables 48 heures sur deux parcours en bus (l'un avec enregistrement en 16 langues, l'autre avec commentaire direct en anglais), une croisière fluviale de 1 heure et un circuit pédestre.

Cityrama Gray Line (www.cityrama.hu). Si vous préférez rester à bord d'un bus sans descente ni montée à volonté, ce prestataire propose des circuits de 3 heures, avec 3 arrêts photo et un commentaire en 5 langues.

À vélo

La plupart des agences de location de vélos proposent des circuits pour 8 000 Ft par personne environ.

Yellow Zebra Bikes (www.yellowzebrabikes.com). Sorties de 4 heures incluant la place des Héros, le bois de la Ville et le centre de Pest. Départ à 11h tous les jours d'avril à octobre (mercredi,

JOHN DAKERS / GETTY IMAGES ©

samedi et dimanche en mars et novembre).

Budapest Bike (www.budapestbike.hu). Excellents circuits à vélo, notamment sur le thème "cafés et marchés" (3 heures, 12 000 Ft). Excursion de 5 heures à Szentendre (11 000 Ft), sur la Courbe du Danube.

En bateau

Nombre d'agences offrent des croisières sur le Danube, avec commentaire multilingue et (généralement) boisson gratuite. La plupart partent entre le pont des Chaînes et le pont Élisabeth, notamment de l'embarcadère Vigadó tér.

Mahart PassNave (www.mahartpassnave.hu). Balade de 1 heure, toutes les heures de 10h à 21h, ainsi qu'à 22h en juillet et août. Commentaires dans une douzaine de langues.

River Ride (www.riverride.com). Circuit de 2 heures à terre et sur l'eau dans un bus amphibie jaune. Commentaire direct en anglais et allemand (et enregistré dans de nombreuses autres langues).

À thème

Des prestataires organisent des visites spécialisées ; parmi les thèmes figurent l'histoire juive, l'art contemporain, l'Art nouveau.

Jewish Heritage Tours (www.budapestxplore.com/en/jewish-xpc4). D'excellents circuits explorant la culture et l'histoire de la communauté juive de Budapest.

À savoir

La **Budapest Card** (www.budapestinfo.hu) comprend deux visites guidées gratuites à pied de la ville et des réductions sur d'autres circuits organisés.

Thermes et piscines

Budapest s'étend sur une faille géologique qui sépare les collines de Buda de la Grande Plaine. Plus de 30 000 m³ d'eau de 21 à 76°C, jaillissent chaque jour de quelque 123 sources thermales et de plus de 400 sources minérales. La ville est donc un centre thermal majeur et prendre les eaux fait partie de la vie quotidienne.

Agencement

La majorité des bains de Budapest – les anciens comme les récents – possèdent un agencement similaire : une série de bassins thermaux couverts, allant de tiède à chaud, avec hammams, saunas, bains glacés et salles de massage. Certains comportent des piscines extérieures avec fontaine, machine à vagues et bain à remous.

Mode d'emploi

Tous les bains sont dotés de cabines ou de casiers. La plupart du temps, on vous remet un bracelet électronique qui vous indique votre cabine ou votre casier et qui vous permet de l'ouvrir. Demandez de l'aide si vous n'y arrivez pas.

À prévoir

De moins en moins de lieux ont des jours réservés aux hommes ou aux femmes. Apportez un maillot de bain ou louez-en un (environ 1 500 Ft). Certains établissements exigent le port du bonnet. Apportez le vôtre ou achetez-en un jetable à partir de 200 Ft. Prévoyez aussi des sandales en plastique.

Les bains

Bains Rudás Construits en 1566, ces bains rénovés sont les plus ottomans de tout Budapest. Réservés aux hommes la majeure partie de la semaine, ils sont mixtes le week-end. (p. 58)

Bains Gellért Faire trempette dans ces bains Art nouveau, désormais ouverts en permanence aux deux sexes, donne l'impression de se baigner dans une cathédrale. Les bassins couverts sont les plus beaux de la ville. (p. 52)

UNGVARI ATTILA / SHUTTERSTOCK ©

Bains Széchenyi Dans le bois de la Ville, ce gigantesque bâtiment évoquant une pâtisserie architecturale abrite 15 bassins intérieurs et 3 piscines extérieures. (photo ; p. 147)

Bains Veli Bej Datant de 1575, ces vénérables bains turcs de Buda renaissent de leurs cendres après des siècles d'oubli. (p. 70)

Bains Király Les quatre petits bassins ottomans, bien qu'ils nécessiteraient des rénovations, sont authentiques et datent de 1570 (p. 43).

À savoir

- Les heures d'ouverture et l'admission selon le sexe dépendent du jour de la semaine, mais la plupart des thermes sont mixtes.
- **Spas et bains** Le site www.spasbudapest.com donne des informations et permet de réserver en ligne.

Sorties

Budapest offre un choix étonnant d'activités et d'adresses pour noctambules, de l'opéra aux danses traditionnelles, en passant par les concerts de jazz et les films projetés dans de somptueux cinémas. Il n'est pas difficile d'obtenir un billet : le plus dur est de faire son choix !

Musique classique

Académie de musique Franz Liszt La principale salle de concerts de la ville, ornée de céramiques Zsolnay et de fresques. (p. 124)

Palais des Arts Ce grand complexe récent au bord du Danube est dédié à la musique, mais il reçoit aussi des troupes de cirque et de danse. (photo ; p. 144)

Opéra national L'Opéra accueille aussi sur sa scène rouge et or le Ballet national hongrois. (p. 100)

Concerts

Akvárium Klub Dans une ancienne gare routière, trois scènes accueillent des concerts de qualité. (p. 90)

Gödör Klub Une formidable programmation, au cœur du quartier animé d'Erzsébetváros. (p. 130)

La Bodeguita del Medio Excellente adresse pour écouter de la musique cubaine le soir. (p. 127)

Jazz et blues

Budapest Jazz Club Salle raffinée dédiée au jazz traditionnel, vocal et latino. (p. 113)

Jedermann Cafe Dans Ráday utca : ambiance détendue, grillades et jazz. (p. 137)

À savoir

- Consultez les listes de spectacles de *Funzine* (www.funzine.hu) et *PestiEst* (www.est.hu).
- Vous pouvez réserver des places de théâtre et de concert sur les sites Internet www.jegymester.hu et www.kulturinfo.hu.

Musées et galeries

Contrairement à la majorité des villes européennes, Budapest ne possède pas un grand musée fruit d'un héritage royal. C'est à une aristocratie politisée, consciente de la valeur du patrimoine artistique de la nation, que l'on doit plusieurs collections de grande valeur. Aujourd'hui, la capitale hongroise compte quelque soixante musées consacrés à des sujets très variés.

PETER CSASZAR / SHUTTERSTOCK ©

Musées d'histoire

Musée d'Aquincum Ce musée abrite une collection de trouvailles romaines. (p. 77)

Musée d'Histoire de Budapest Ce musée présente l'histoire de Budapest. (p. 35)

Maison de la Terreur Retrace les atrocités des régimes fasciste et stalinien. (p. 124)

Musées d'art

Musée Vasarely Dédié à l'Op'art. (p. 70)

Musée des Beaux-Arts La plus belle collection de grands maîtres étrangers à Budapest dans un bâtiment récemment rénové. (photo ; p. 147)

Galerie nationale hongroise Le meilleur de l'art hongrois. (p. 35)

Musées culturels

Musée d'Histoire de la musique Présente de nombreuses partitions et instruments en état de marche. (p. 42)

Musée hongrois du Commerce et du Tourisme Les secteurs de la restauration et de l'hôtellerie, vus à travers objets et publicités. (p. 70)

Maison de Houdini Présente la vie du célèbre magicien et prince de l'évasion, né à Budapest. (p. 43)

À savoir

La **Budapest Card** 72h (www.budapestinfo.hu) permet de visiter gratuitement les expositions permanentes de 19 musées de la ville.

Budapest avec des enfants

Budapest est une ville facile à visiter avec des enfants. Ils seront bien accueillis dans la plupart des restaurants où, s'il n'y a pas de menu adapté, on peut demander une kis adag *(demi-portion). En outre, les aires de jeux sur toutes les places et les bains font la joie des petits, avec leurs toboggans et leurs jeux aquatiques.*

ZOLTÁN MAX / EYEEM / GETTY IMAGES ©

Musées

Musée des Beaux-Arts Un programme permet aux enfants de manipuler des objets égyptiens et de créer leurs propres œuvres. (p. 147)

Musée d'Aquincum Excellentes présentations interactives, y compris des duels virtuels avec un gladiateur. (p. 77)

Bains Gellért Très nombreux bassins extérieurs et intérieurs, ainsi qu'une piscine à vagues. (p. 52)

Centre culturel Budavár *Táncház* (musique et danse traditionnelles) pour enfants certains week-ends. (p. 49)

Transports publics

Sikló Ce funiculaire monte à l'assaut de la colline du Château. (p. 39)

Train à crémaillère Ce moyen de transport ravira les enfants. (p. 78)

Train des Enfants L'ancien petit train des Pionniers est toujours géré par des enfants. (p. 79)

Divertissements

Théâtre de marionnettes Des spectacles de qualité appréciés par les petits et les grands. (p. 131)

Zoo municipal Un zoo très riche avec fauves, hippopotames, ours polaires et girafes. (photo ; p. 148)

À savoir

- La plupart des restaurants n'ont pas de menu enfant, mais proposent des portions adultes réduites.
- Les cafés et *cukrászdák* (pâtisseries) traditionnels de Budapest suffiront à combler n'importe quel bec sucré.

Scène gay et lesbienne

Pour une ville de cette taille, Budapest compte une scène gay limitée. La majorité des hommes font preuve de discrétion dans les lieux publics et les marques d'affection sont rares. Quant à la vie sociale des lesbiennes, elle demeure assez souterraine, avec bon nombre de fêtes privées. La société fait encore preuve de conservatisme sur le sujet.

ZKK600 / GETTY IMAGES ©

Discothèque

Alterego Toujours le club gay le plus fréquenté de la ville, avec la meilleure programmation de *dance music*. (p. 104)

Bars

CoXx Men's Bar Ce haut lieu de la drague possède un bar immense et quelques backrooms à l'arrière. (p. 130)

Tuk Tuk Bar Bar à cocktails détendu, à la déco asiatique et au personnel accueillant. (p. 129)

Hébergement

Casati Budapest Hotel Fruit d'une rénovation raffinée, cette adresse du centre de Pest affiche un cadre décontracté et une cour couverte originale. (p. 153)

Festival

Budapest Pride Ce festival d'une semaine consacré à la culture et au film gays, lesbiens, bisexuels et transgenres (photo ; www.budapestpride.com) donne lieu à une parade annuelle qui se tient généralement le premier samedi de juillet.

Sites Web

Budapest GayGuide (www.budapest.gayguide.net). Bon agenda et conseils d'initiés.

Háttér Society (Háttér Társaság ; ☎1-329 2670; www.hatter.hu). Informations et hotline (☎1-329 3380) ouverte tous les jours de 18h à 23h.

Labrisz (www.labrisz.hu). Infos sur la scène lesbienne de la ville.

Budapest en 4 jours

Jour 1

PFEIFFER / SHUTTERSTOCK ©

Passez votre première matinée sur la colline du Château : admirez le point de vue depuis le **Palais royal** (p. 34). Le secteur compte de nombreux musées : nous vous conseillons la **Galerie nationale hongroise** (p. 35) ou le **musée d'Histoire** (p. 35).

L'après-midi, prenez le **Sikló** (funiculaire, photo ; p. 39) jusqu'à Clark Ádám tér et, de là, rendez-vous à Főutca jusqu'aux **bains Király** (p. 43) pour un moment de détente absolu.

Selon votre humeur, allez voir un *táncház* (musique et danse traditionnelles) au **centre culturel Budavár** (p. 49) au pied de la colline du Château, ou rejoignez l'**Oscar American Bar** (p. 47), au sud de la place, pour un cocktail sur fond musical.

Jour 2

Traversez le Danube pour découvrir Pest sous son meilleur jour en remontant **Andrássy út** (p. 124). Vers la place des Héros (Hősök tere ; p. 147), vous découvrirez l'**Opéra national hongrois** (p. 100) et de superbes cafés tel le **Művész Kávéház** (p. 130).

Un après-midi au bois de la Ville permet de faire le plein de culture. Sur Andrássy út se trouve la **Maison de la Terreur** (p. 124), tandis qu'au nord de la place des Héros siège le **Műcsarnok** (musée des Beaux-Arts, p. 146). Le bois de la Ville compte le **zoo municipal** (p. 148) et les **bains Széchenyi** (p. 147).

Le soir, redescendez Andrássy út jusqu'à Erzsébetváros pour un verre à **La Bodeguita del Medio** (p. 127).

Jour 3

PELLE ZOLTAN / SHUTTERSTOCK ©

Le troisième jour, admirez avant tout deux symboles de la nation hongroise : la couronne de saint Étienne au **Parlement** (p. 94) et les reliques du saint roi (une main) à la **basilique Saint-Étienne** (p. 96).

Passez l'après-midi à explorer le quartier juif en suivant notre promenade à travers des sites tels que Klauzál tér, la **synagogue orthodoxe** (photo ; p. 126) et le mur du ghetto. Prévoyez assez de temps pour visiter la **Grande Synagogue** (p. 116) et son **Musée juif hongrois** (p. 117).

Passez la soirée dans les *kertek* ("jardins") de Kazinczy utca, notamment le plus ancien de tous, le **Szimpla Kert** (p. 129).

Jour 4

Pour votre dernier jour, baladez-vous dans Óbuda et découvrez comment Buda, Óbuda et Pest ont fusionné en une seule et même ville. Laissez-vous hypnotiser par les œuvres Op'art du **musée Vasarely** (p. 70) et visitez le plaisant **musée hongrois du Commerce et du Tourisme** (p. 70), non loin. Sinon, un court trajet en HÉV vous mènera à **Aquincum** (p. 76).

Dans l'après-midi, direction le **pont Marguerite** (p. 109). Au sommet de la colline, le **mausolée de Gül Baba** (photo ; p. 71) est l'unique lieu de pèlerinage musulman au nord des Balkans. Ensuite, délassez-vous aux **bains Veli Bej** (p. 70).

Le soir, franchissez le pont Marguerite pour gagner Újlipótváros et l'excellent **Budapest Jazz Club** (p. 113).

Les basiques

Pour plus d'informations, voir le Carnet pratique (p. 151)

Monnaie
Forint (Ft)

Langue
Hongrois

Formalités
Pour les citoyens de l'UE, une carte d'identité suffit. Pour les citoyens canadiens et suisses, seul le passeport est demandé pour les séjours ne dépassant pas 90 jours.

Argent
Les DAB sont répandus, y compris dans les aéroports, les gares ferroviaires et les gares routières.

Téléphone
L'indicatif du pays est le 36 et celui de Budapest le 1. Pas de frais d'itinérance pour les portables de l'UE.

Heure locale
Budapest et Paris sont à la même heure.

Pourboire
Il est courant de laisser des pourboires aux serveurs, coiffeurs et chauffeurs de taxi.

Budget quotidien

Moins de 15 000 Ft

Lit en dortoir : 3 000-6 500 Ft

Repas dans une cafétéria : 1 500-2 500 Ft

Carte de transport 3 jours : 4 150 Ft

De 15 000 à 35 000 Ft

Chambre privée simple/double : à partir de 7 500/10 000 Ft

Repas 2 plats avec boisson : 3 500-7 500 Ft

Cocktail : à partir de 1 500 Ft

Plus de 35 000 Ft

Chambre double dans un hôtel de catégorie supérieure : à partir de 16 500 Ft

Dîner pour deux avec vin dans un bon restaurant : à partir de 12 500 Ft

Entrée aux thermes tout compris : adulte/enfant 3 600/1 600 Ft

Entrée dans un club à la mode : 1 500-2 500 Ft

À prévoir

Deux mois avant Si vous venez en haute saison ou durant un festival, réservez votre hébergement et une table dans un bon restaurant.

Un mois avant Consultez le **Budapest Times** (www.budapesttimes.hu) et réservez pour les manifestations les plus courues.

Une semaine avant Appelez votre banque pour la prévenir de votre départ et vérifiez que votre carte bancaire est sans contact (un service très répandu ici).

Arriver à Budapest

Beaucoup de voyageurs arrivent à Budapest par avion, mais des dizaines de villes européennes sont reliées à la capitale par des bus et des trains.

Aéroport international Ferenc Liszt

Des minibus, des bus et des trains desservent le centre de Budapest de 4h30 à 23h50 (700-2 000 Ft) ; une course en taxi coûte au moins 6 000 Ft.

Gares ferroviaires (pályaudvar) Keleti, Nyugati et Déli

Les trois gares sont reliées aux stations de métro du même nom. Des bus de nuit les desservent quand le métro est fermé.

Gares routières Népliget et Stadion

Les deux gares se trouvent respectivement sur les lignes de métro 3 et 2. Elles sont également desservies par la ligne 1 du tramway.

Comment circuler

Le réseau de transport de Budapest, géré par BKK (www.bkk.hu), est l'un des plus étendus d'Europe. Il existe des forfaits valables de 1 jour à 1 mois.

M Métro

Rapide mais ne permet pas de contempler la ville. Circule de 4h30 à 23h50 environ.

Bus

Un bon réseau de bus circule de 4h30 à 21h-23h50 ; de 23h50 à 4h30, un réseau de 40 bus de nuit prend le relais.

Tramway

Les tramways (photo) sont plus rapides que les bus, et plus agréables pour admirer la ville. La ligne 6, le long du Grand Boulevard, fonctionne la nuit.

Taxi

Les taxis de Budapest sont bon marché par rapport aux tarifs européens, et sont réglementés.

Les quartiers de Budapest

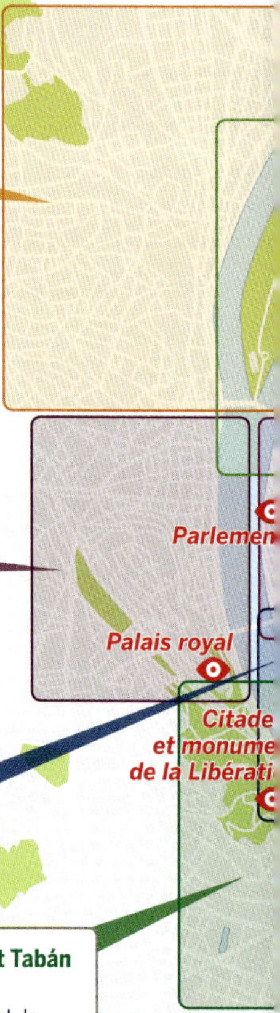

Óbuda (p. 67)

Le secteur le plus ancien de Buda évoque un village où le temps aurait suspendu son vol. Il abrite les vestiges de la cité romaine d'Aquincum et des restaurants prestigieux.

Quartier du Château (p. 33)

La colline du Château, haut lieu historique de Budapest qui abrite des musées majeurs, se dresse ici. En contrebas, d'excellents restaurants vous attendent à Víziváros.

Belváros (p. 79)

La "Ville intérieure" a pour épicentre les boutiques et les bars de la touristique rue Váci, ainsi que la place Võrõsmarty, où se trouve la plus célèbre *cukràszda* (pâtisserie) de la ville.

Mont Gellért et Tabán (p. 51)

Du haut de Gellért, la citadelle et le monument de la Libération dominent le quartier de Tabán.

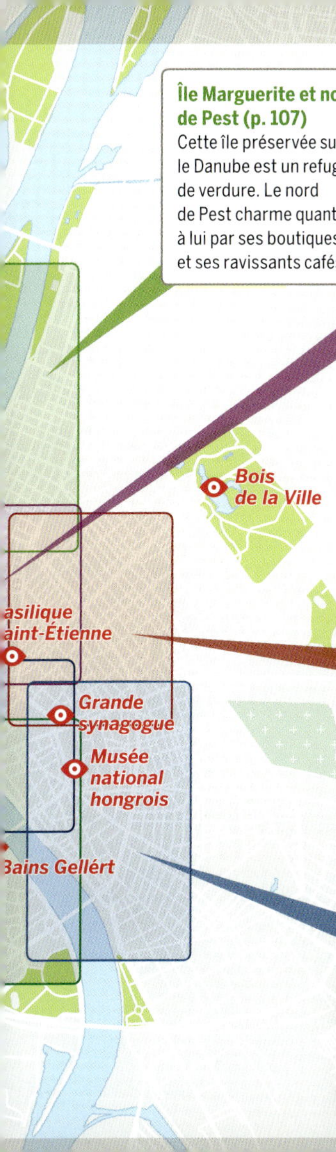

Île Marguerite et nord de Pest (p. 107)
Cette île préservée sur le Danube est un refuge de verdure. Le nord de Pest charme quant à lui par ses boutiques et ses ravissants cafés.

Lipótváros et environs (p. 93)
Ce quartier englobe le Parlement, ses alentours immédiats, la fameuse basilique Saint-Étienne, mais aussi Nagymezõ utca, le Broadway budapestois.

Erzsébetváros et le quartier juif (p. 115)
Ce quartier se taille la part du lion en matière d'hébergements, de restaurants proposant toutes les cuisines du monde et de hauts lieux de la vie nocturne.

Sud de Pest (p. 133)
Cette partie de la ville de tradition ouvrière se prête idéalement à la flânerie : jetez un coup d'œil dans les cours et les petites boutiques souvent très anciennes.

Explorer Budapest

Vaut le détour

Promenade à pied

Pont des Chaînes (p. 101), avec vue sur la basilique Saint-Étienne (p. 97)

Explorer

Quartier du Château

Plateau calcaire de 1 km de long, la colline du Château (Várhegy), classée au patrimoine mondial par l'Unesco, surplombe le Danube. L'enceinte fortifiée se compose de deux parties. Au nord, le quartier ancien aligne les façades Renaissance et baroques pleines de charme. Au sud, le Palais royal est l'écrin de musées remarquables.

Notre sélection

- ***Musée du Château (p. 35)*** *Déambulez parmi des collections superbement présentées couvrant 2 000 ans d'histoire dans un cadre saisissant.*
- ***Galerie nationale hongroise (p. 35)*** *Découvrez des sculptures gothiques en bois et des événements historiques immortalisés par les plus grands artistes hongrois.*
- ***Bastion des pêcheurs (p. 42)*** *Contemplez le Danube et Pest depuis cet ensemble faussement médiéval.*
- ***Église Mathias (p. 42)*** *Admirez le toit revêtu de magnifiques tuiles vernissées et montez dans la tour pour un panorama époustouflant.*

Comment y aller et circuler

V Deák Ferenc tér (Pest) pour I Dísz tér (colline du Château).

Sikló sur I Clark Ádám tér pour I Szent György tér (colline du Château).

(HÉV) H5 Sur Batthyány tér.

M Ligne 2 sur Batthyány tér et Széll Kálmán tér.

Navette Castle Shuttle Budapest.

Plan du quartier du Château p. 40

Église Mathias (p. 42) WAKU / SHUTTERSTOCK ©

Les incontournables

Palais royal

Rasé et reconstruit à maintes reprises au cours des sept derniers siècles, l'ancien Palais royal de Buda fut établi par Béla IV au milieu du XIIIe siècle. Détruit durant la bataille contre les Ottomans en 1686, il fut ensuite rebâti par les Habsbourg, qui n'y passèrent que très peu de temps. Il abrite aujourd'hui deux musées importants et la bibliothèque nationale.

PLAN P. 40, E8

Királyi Palota

I Szent György tér

16, 16A, 116

Galerie nationale hongroise

La **Galerie nationale hongroise** (Magyar Nemzeti Galéria ; ☎1-201 9082 ; www.mng.hu ; bât. A-D ; tarif plein/réduit 3 200/1 600 Ft, audioguide 800 Ft ; 🕙10h-18h ven-dim) présente sur 4 étages un remarquable panorama de l'art hongrois du XIe siècle à nos jours. Parmi les collections les mieux représentées figurent des sculptures sur pierre du Moyen Âge et de la Renaissance, des sculptures et peintures gothiques sur bois et des retables de la fin de la période gothique. Le musée compte également une collection de peintures et de sculptures hongroises des XIXe et XXe siècles.

L'endroit est actuellement en plein bouleversement, les œuvres de la Renaissance tardive et de l'époque baroque ayant été transférées au musée des Beaux-Arts (p. 147) dans Hősök tere, à Pest, en prévision du futur déménagement de l'ensemble des collections dans un nouveau bâtiment construit à cet effet dans le bois de la Ville.

L'essentiel de la collection permanente occupe les bâtiments B, C et D ; le bâtiment A et le 3e étage des quatre bâtiments sont généralement réservés aux expositions temporaires.

Musée d'histoire de Budapest

Le **musée** (Budapesti Történeti Múzeum ; ☎1-487 8800 ; www.btm.hu ; bât E ; tarif plein/réduit 2 400/1 200 Ft ; 🕙10h-18h mar-dim mars-oct, 10h-16h mar-dim nov-fév) retrace sur quatre niveaux les 2 000 ans d'histoire de la ville. Les salles du palais du XVe siècle ont été restaurées. On y accède depuis les salles voûtées à deux niveaux du sous-sol, dont l'une possède un incroyable encadrement de porte Renaissance en marbre rouge aux armes de la reine Béatrice et de son époux, le roi Mathias Corvin, qui mène à des salles gothiques et Renaissance, au cellier royal (1480) et à la chapelle de la tour datant du XIVe siècle.

★ À savoir

- La façon la plus facile et la plus amusante de gagner la colline du Château est le **Sikló**, un funiculaire de 1870 qui entame son ascension sur Clark Ádám tér, à l'extrémité ouest du pont des Chaînes, et rejoint Szent György tér, près du Palais royal.
- Ne manquez pas la relève de la garde au palais Sándor, toutes les heures de 9h à 17h.

✕ Une petite pause ?

Pour savourer quelque chose de chaud et/ou de sucré après vos visites, rendez-vous au Ruszwurm Cukrászda (p. 48) ou à l'élégant Pierrot (p. 46) pour prendre un verre dans un cadre raffiné.

Le rez-de-chaussée présente la Budapest médiévale, avec près de 80 statues gothiques découvertes lors de fouilles en 1974, notamment des bustes et des fragments représentant des courtisans, des châtelains et des saints. Au 1er étage, une exposition intitulée *Lumière et ombre : 1000 ans d'une capitale* décrit l'histoire de Budapest de l'arrivée des Magyars à nos jours en passant par l'occupation ottomane, au fil de 10 sections consacrées entre autres à l'habitat, la diversité ethnique et la religion.

Bibliothèque nationale Széchenyi

La **bibliothèque nationale Széchenyi** (Országos Széchenyi Könyvtár, OSZK ; ☎1-224 3700 ; www.oszk.hu ; bât F ; ⏲10h-17h mar-ven, rayons 10h-16h mar-vem) conserve des codex et des manuscrits, ainsi qu'une importante collection de journaux étrangers et un exemplaire de tout ce qui se publie en Hongrie et en hongrois. Elle fut fondée en 1802 par le comte Ferenc Széchenyi, père de l'héroïque homme d'État István, qui lui fit don de 15 000 livres et 2 000 manuscrits. La bibliothèque permet à ses membres (abonnement jour/mois 1 200/2 000 Ft) d'effectuer des recherches, de consulter les ouvrages et de lire les nombreux journaux et magazines étrangers.

Fontaine Mathias

Au nord-ouest de la vaste cour du Palais royal, la **fontaine Mathias** (Mátyás kút), de style romantique, représente le jeune roi Mathias Corvin en tenue de chasse. En bas, à sa droite, se trouve Szép Ilona (la Belle Hélène), héroïne d'une ballade romantique du poète Mihály Vörösmarty : tombée amoureuse de ce fringant "chasseur", elle mourut le cœur brisé en apprenant qu'il s'agissait du roi Mathias, dont elle ne se sentait pas digne.

Statues et monuments

À l'est de l'escalier Habsbourg se dresse la statue de bronze (1905) du **Turul** (Turul szobor), oiseau pareil à un aigle qui aurait engrossé Emese, la grand-mère d'Árpád, chef militaire qui conduisit les tribus magyares dans le bassin des Carpathes vers 895. Au sud-est, juste devant le bâtiment C et l'entrée principale de la Galerie nationale hongroise, une statue figure **Eugène de Savoie** (Savoyai Jenő Műemlék), le prince des Habsbourg qui écrasa la dernière armée ottomane à la bataille de Zenta, en Serbie, en 1697. Au milieu de la place, sur l'autre côté du bâtiment, trône une statue de György Vastagh représentant un *csikós* ("cow-boy") de Hortobágy en train de dresser un étalon *bábolna*.

GALERIE NATIONALE HONGROISE

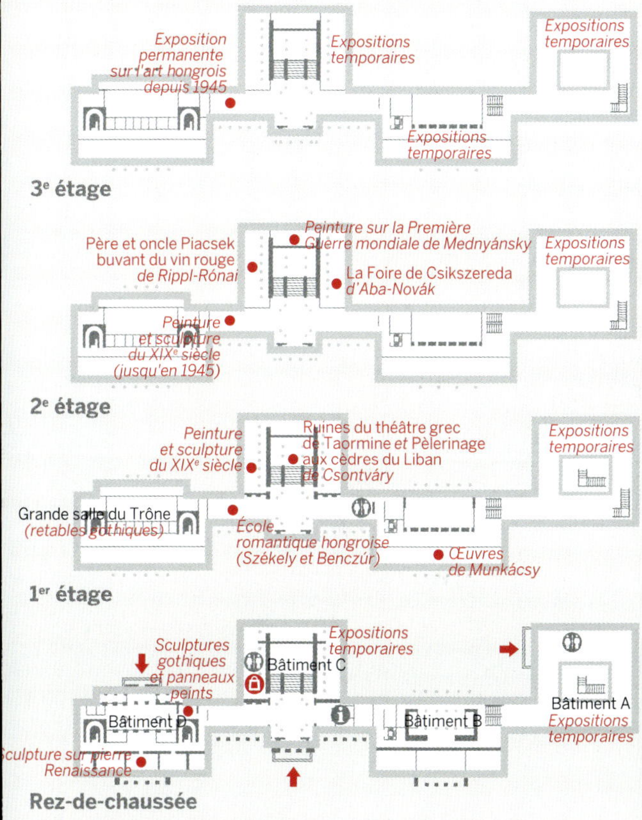

Promenade à pied

Colline du Château

Pour une première découverte de Budapest, rien ne vaut une balade sur la colline du Château. Ce secteur recèle un concentré de ce qu'offre la capitale hongroise : de l'histoire, de l'architecture, des panoramas fabuleux… et des hordes de visiteurs. Pour les éviter, venez tôt le matin.

La promenade

Départ II Széll Kálmán tér

Arrivée I Clark Ádám tér

Distance 1,2 km

Durée 2 heures

❶ Porte de Vienne

De Széll Kálmán tér, remontez Várfok utca jusqu'à la **porte de Vienne** (Bécsi kapu ; 🚌16, 16A, 116), entrée médiévale de la vieille ville reconstruite en 1936 pour le 250e anniversaire de la reprise du château aux Ottomans.

❷ Archives nationales

À l'ouest, le grand bâtiment au toit de tuiles polychromes abrite les **Archives nationales** (Országos Levéltár ; 1920), qui accueille parfois des expositions. À l'ouest de Bécsi kapu tér (place de la Porte de Vienne), où se tenait un marché au Moyen Âge, on voit quatre belles maisons bourgeoises, du n°5 au n°8.

❸ Táncsics Mihály Utca

L'étroite **Táncsics Mihály utca** est bordée de petites maisons colorées ornées de statues. À l'entrée de nombreuses cours, des niches en pierre du XIIIe siècle appelées *sedilia* servaient sans doute d'étals aux marchands. En continuant vers le sud-est, on atteint l'ancienne prison, au n°9 Táncsics Mihály utca, où Lajos Kossuth, leader de la guerre d'indépendance de 1848-1849, fut détenu de 1837 à 1840.

❹ Szentháromság Tér

Plus au sud, le Hilton Budapest intègre des parties d'une église dominicaine médiévale et d'un collège jésuite baroque. Non loin, au centre de **Szentháromság tér**, se dresse la réplique d'une statue de la Sainte Trinité (Szentháromság szobor), une "colonne de la peste" érigée au début du XVIIIe siècle en témoignage de reconnaissance par des habitants de Buda ayant échappé à la maladie.

❺ Ancien ministère de la Défense

En suivant Úri utca au sud vers Dísz tér, on atteint l'**ancien ministère de la Défense**, bombardé durant la Seconde Guerre mondiale, puis cible de l'Otan pour une éventuelle frappe nucléaire pendant la guerre froide. Actuellement en travaux, il abritera à terme les bureaux du Premier Ministre.

❻ Palais Sándor

Plus au sud, sur la gauche, le **palais Sándor** (Sándor-palota ; ☎1-224 5000 ; www.keh.hu ; I Szent György tér 1-2 ; 🚌16, 16A, 116) est aujourd'hui occupé par les bureaux de la présidence de la République. Une relève de la garde assez discrète a lieu devant, toutes les heures entre 9h et 17h.

❼ Sikló

Au sud de la station supérieure du **Sikló** (www.bkv.hu ; I Szent György tér et Clark Ádám tér ; aller simple/aller-retour adulte 1 400/2 000 Ft, enfant 3-14 ans 700/1 100 Ft ; 🕙10h-18h, fermé 1er et 3e lun du mois ; 🚌16, 105, 🚋19, 41), l'escalier Habsbourg de 1903 mène au Palais royal. Descendez en funiculaire jusqu'à Clark Ádám tér.

Danube
Budai alsó rkp
Bemrkp
Fő u
Lipthay u
Bem József tér
Fekete Sas u
Bem József u
Kandó Kálmán u
Ganz u
Király fürdő u
Bains Király
Nagy Imre tér
Gyorskocsi u
Medve u
Kacsa u
Vitéz u
Horvát u
Fazekas u
Kapás u
Erőd u
Varsányi Irén u
Jurányi u
Fényes Elek u
Margit krt
Bimbó út
Mechwart tér
ORSZÁGÚT
Kitaibel Pál u
Keleti Károly u
Kis Rókus u
Fény u
Lövőház u
Ezredes u
Marczibányi tér
Fillér u
Retek u
Széna tér
Dekán u
Széll Kálmán tér
Krisztina krt
Városmajor
Csaba u
Hajnóczy József u
Maros u
Városmajor
Vérmező út
Csalogány u
Hattyú u
Batthyány u
Ostrom u
Várfok u
Mátray u
Logodi u
Toldy Ferenc u
Szabó Ilonka u
Kagyló u
Mária tér
Donáti u
Hunfalvy u
Lovas út
Bécsi kapu tér
Anjou bástya
Kapisztrán tér
Táncsics Mihály u
Musée d'Histoire militaire
Musée d'Histoire
VÍZIVÁROS
KRISZTINAVÁROS
Batthyány tér
Aranyhal u
Vám u
A
B
C
D
E
F
1
2
3
4
5
9
10
11
12
15
17
19
20
22
24
25

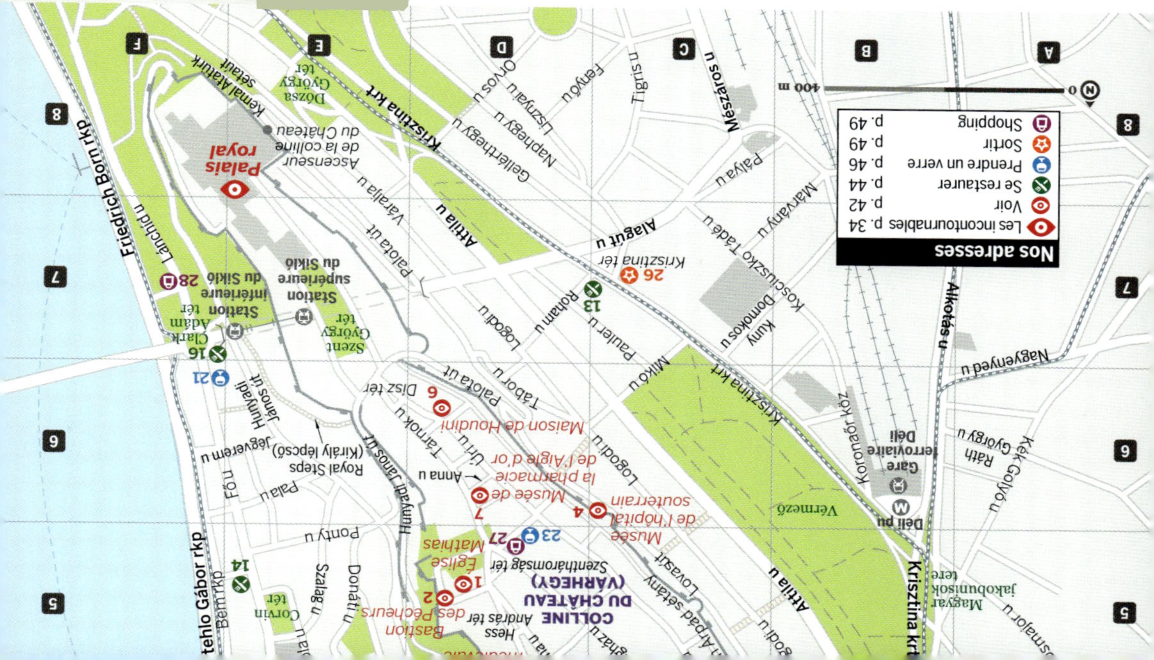
Nos adresses
Les incontournables p. 34
Voir p. 42
Se restaurer p. 44
Prendre un verre p. 46
Sortir p. 49
Shopping p. 49
0
400 m
COLLINE DU CHÂTEAU (VÁRHEGY)
Palais royal
Bastion des Pêcheurs 2
Église Mathias 1
Musée de l'hôpital souterrain 4
Musée de la pharmacie de l'Aigle d'or 7
Maison de Houdini 6
Station inférieure du Sikló
Station supérieure du Sikló
Ascenseur de la colline du Château
Royal Steps (Király lépcső)
Friedrich Born rkp
tehlo Gábor rkp
Bem rkp
Lánchíd u
Clark Ádám tér
Szent György tér
Dózsa György tér
Kemal Atatürk sétaút
Krisztina krt
Attila u
Alagút u
Krisztina tér
Palota út
Várlja u
Logodi u
Rohám u
Pauler u
Mikó u
Tábor u
Dísz tér
Tárnok u
Úri u
Anna u
Hunyadi János út
Jégverem u
Fő u
Pala u
Ponty u
Szalag u
Donáti u
Corvin tér
Szentháromság tér
Hess András tér
Lovasút
Árpád sétány
Vérmező
Koronaőr köz
Gare ferroviaire Déli
Déli pu
Alkotás u
Nagyenyed u
Ráth György u
Kék Golyó u
Magyar jakobunisok tere
Kosciuszko Tádé u
Kuny Domokos u
Márvány u
Pálya u
Mészáros u
Tigris u
Fenyő u
Orvos u
Lisznyai u
Naphegy u
Gellérthegy u
28
16
21
14
13
26
23
27
A
B
C
D
E
F
5
6
7
8

Voir

Église Mathias ÉGLISE

1 PLAN P. 40, D5

C'est ici que le roi Mathias Ier épousa Béatrice en 1474. Certaines parties remontent à plus de cinq siècles (les sculptures surmontant le portail sud, la partie centrale), mais l'église a été profondément restaurée au XIXe siècle dans un style néogothique. Les vitraux, les fresques et les éclatantes décorations datent de cette époque. En 1867, François-Joseph Ier et Élisabeth (dite Sissi) y furent couronnés souverains de Hongrie, avec Franz Liszt à l'orgue. À l'intérieur, notez les vitraux, les fresques et les décors muraux signés des peintres romantiques Károly Lotz et Bertalan Székely. (Mátyás templom ; 1-489 0716 ; www.matyas-templom.hu ; I Szentháromság tér 2 ; tarif plein/réduit 2 000/1 500 Ft ; 9h-17h lun-ven, 9h-12h sam, 13h-17h dim ; 16, 16A, 116)

Bastion des Pêcheurs MONUMENT

2 PLAN P. 40, D5

Cela vaut la peine de flâner sur les terrasses de cet incroyable ensemble de tourelles d'inspiration médiévale (début XXe siècle), pour la vue grandiose sur la ville. Au Moyen Âge, la guilde des pêcheurs défendait cette partie du château. Les sept tours symbolisent les sept tribus magyares fondatrices du pays. (Halászbástya ; I Szentháromság tér ; tarif plein/réduit 1 000/500 Ft ; 9h-20h mai à mi-oct, 9h-19h mi-mars à avr ; 16, 16A, 116)

Musée d'Histoire de la musique MUSÉE

3 PLAN P. 40, D4

Un palais du XVIIIe siècle accueille ce merveilleux petit musée. Huit salles d'exposition retracent l'évolution de la musique en Hongrie, du XVIIIe siècle à nos jours. Nombreux instruments, partitions et manuscrits originaux, notamment de Bartók, Liszt, Kodály et Haydn. C'est un endroit charmant où passer une heure ou deux. (Zenetörténeti Múzeum ; 1-214 6770 ; www.zti.hu/museum ; I Táncsics Mihály utca 7 ; tarif plein/étudiant 1 000/500 Ft ; 10h-16h mar-dim ; 16, 16A, 116)

Musée de l'hôpital souterrain MUSÉE

4 PLAN P. 40, C6

La colline du Château ne recèle pas moins de 28 km de grottes. Un hôpital militaire y a été aménagé sur 4 km pendant la Seconde Guerre mondiale. Utilisé lors de l'insurrection de 1956, ce lieu secret a été impeccablement entretenu sous le communisme – l'entrée était cachée par des fleurs. La visite guidée (1 heure) permet de voir les salles d'opération restées intactes, les dortoirs des blessés et un abri antiatomique. Impressionnant ! (Sziklakórház Atombunker Múzeum ; 06 70 701 0101 ; www.sziklakorhaz.eu ; I Lovas út 4/c ; tarif plein/réduit 4 000/2 000 Ft ; 12h-18h lun-ven, 10h-19h sam, 10h-18h dim ; 5, 16)

Bains Király

THERMES

PLAN P. 40, E2

Les quatre bassins, dont la température va de 26 à 40°C, sont d'authentiques bains turcs construits vers 1570, sans doute pour la garnison de l'armée ottomane qui campait tout près. Ils auraient certes besoin d'une rénovation, mais le grand bain est magique, avec sa coupole qui laisse filtrer la lumière sur l'eau ; les trois autres bains, y compris la piscine, sont petits. Établissement mixte ouvert tous les jours ; apportez votre maillot de bain. (Király Gyógyfürdő ; 1-202 3688 ; www.kiralyfurdo.hu ; II Fő utca 84 ; billet plein tarif à la journée avec casier/cabine 2 500/2 800 Ft, tarif étudiant 1 900/2 200 Ft, senior 1 500/1 800 Ft ; 9h-21h ; 109, 4, 6, 19, 41)

Maison de Houdini

MUSÉE

6 PLAN P. 40, D6

Consacrée au célèbre illusionniste et prince de l'évasion Harry Houdini, né sous le nom d'Erik Weisz dans le district VII de Budapest en 1874, ce petit musée regroupe des objets liés à sa vie, comme des lettres, des menottes et des documents, mais aussi des accessoires utilisés pour le tournage de la mini-série américaine *Houdini* (2014). À la fin de la visite guidée, on assiste à un spectacle de magie de 15 minutes. Une expérience très amusante. (1-951 8066 ; www.houseofhoudinibudapest.com ; I Dísz tér 11 ; 8 € ; 11h-19h ven-dim ; 16, 16A, 116)

Bastion des pêcheurs

Ascenseur pour le château

Pour rallier la colline du Château comme le font les Budapestois, prenez le bus n°16, à Pest, jusqu'à I Dózsa tér. De là, un **ascenseur** (plan p. 40, E8 ; 200 Ft ; 6h-20h30 lun-sam, 9h-18h30 dim ; 16, 16A) vous propulsera directement devant la cour des Lions et la bibliothèque nationale Széchenyi, au cœur de la colline du Château. Les trouvailles archéologiques du Palais royal sont exposées dans les vitrines du couloir qui mène à l'ascenseur.

Musée de la pharmacie de l'Aigle d'or

MUSÉE

7 PLAN P. 40, D6

Juste au nord de Dísz tér, sur le site de la première pharmacie de Budapest (1681), ce curieux petit musée présente la reconstitution d'un laboratoire d'alchimiste, avec des chauves-souris séchées et des crocodiles empaillés suspendus au plafond, une petite boîte qu'utilisaient les voyageurs du XVIIe siècle pour transporter leurs herbes médicinales, des flacons aux formes étranges et une tête de momie noircie. (Arany Sas Patikamúzeum ; 1-375 9772 ; semmelweismuseum.hu/arany-sas-patikamuzeum ; I Tárnok utca 18 ; tarif plein/réduit 800/400 Ft ; 10h-18h jeu-dim ; 16, 16A, 116)

Synagogue médiévale

MONUMENT

8 PLAN P. 40, C4

Cette petite salle de prière érigée en 1370 faisait partie d'une synagogue gothique, à l'époque la plus vaste d'Europe. Dans ce temple émouvant, de belles fresques et des tombes du IIe siècle attestent la présence ancienne des Juifs à Buda. (225 78 16 ; www.btm.hu/eng/?q=imahaz ; Táncsics Mihály utca, 26 ; tarif plein/réduit 800/400 Ft ; mai-oct mar-dim 10h-18h ; 16, 16A, 116)

Musée d'Histoire militaire

MUSÉE

9 PLAN P. 40, B4

Si la muséographie est un peu poussiéreuse à l'étage du XIXe siècle, les salles du rez-de-chaussée rassemblent d'intéressantes affiches et photos sur l'armée à l'époque communiste et sur la révolution de 1956. Dans la cour, une section reconstituée du rideau de fer entre l'Autriche et la Hongrie. (325 16 00 ; www.militaria.hu ; Kapisztrán tér, 2-4 ; tarif plein/réduit 1 500/750 Ft ; avr-sept mar-dim 10h-18h, oct-mars mar-dim 10h-16h ; 16, 16A, 116)

Se restaurer

À Table

BOULANGERIE

10 PLAN P. 40, B3

Cette boulangerie appartient à une chaîne appréciée des Budapestois pour ses excellentes pâtisseries, ses viennoiseries et ses en-cas salés tels que des quiches. (www.atable.hu ; II Retek utca 6 ; gâteaux 500-1 200 Ft ; 7h-19h lun-ven, 8h-18h sam et dim ; M M2 Széll Kálmán tér, 4, 6)

Mandragóra HONGROIS €€

11 PLAN P. 40, D2

Ce restaurant familial situé dans le sous-sol d'un immeuble résidentiel, mais doté d'un intérieur chaleureux, a su séduire une clientèle fidèle avec ses excellentes spécialités hongroises revisitées. Régalez-vous avec le canard mijoté à la betterave, les saucisses au bœuf gris de Hongrie ou le risotto d'orge perlé. Les menus déjeuner de 2/3 plats sont une affaire, à 2 200/3 500 Ft. (1-202 2165 ; www.mandragorakavehaz.hu ; II Kacsa utca 22 ; plats 3 200-4 500 Ft ; 11h30-22h lun-sam ; 11, 4, 6)

Baltazár Grill & Wine Bar GRILL ET BAR À VINS €€

12 PLAN P. 40, C4

Au menu de cet excellent restaurant : grillades de toutes sortes, mais aussi classiques hongrois ainsi que quelques plats végétariens. Bar à vins pittoresque. (1-300 7050 ; www.baltazarbudapest.com ; I Országház utca 31 ; plats 3 460-10 760 Ft ; 12h-23h ; 16, 16A, 116)

Bistro Déryné BISTRO €€

13 PLAN P. 40, C7

Ouvert en 1914, le café traditionnel proche de l'entrée de l'*alagút* (tunnel) qui passe sous la colline du Château est devenu un élégant bistro qui sert d'excellents petits-déjeuners et des plats plus substantiels (confit de canard, *paprikás* de sanglier, poitrine de bœuf braisée) tout au long de la journée. Joli bar incurvé, musique, charmante terrasse, cuisine ouverte et accueil chaleureux. (1-225 1407 ; www.bistroderyne.com ; I Krisztina tér 3 ; plats 3 480-5 780 Ft ; 7h30-minuit lun-mer, 7h30-1h jeu-ven, 9h-1h sam, 9h-minuit dim ; 5, 178, 56, 56A)

Horgásztanya Vendéglő POISSON €€

14 PLAN P. 40, E5

Une table classique au bord du Danube où l'on sert la soupe de poisson (à partir de 1 900 Ft) au bol, en pot ou en cassolette, et où la carpe, le poisson-chat ou la truite sont préparés façon Baja, Tisza ou, en plus épicé, Szeged. À essayer absolument. ("Restaurant piscicole" ; 1-212 3780 ; www.horgasztanyavendeglo.hu ; II Fő utca 27 ; plats 1 900-4 400 Ft ; 12h-21h30 ; ; 19, 41)

21 Magyar Vendéglő HONGROIS €€

15 PLAN P. 40, C4

Le "Restaurant des 21 Hongrois" concocte des versions revisitées de plats traditionnels tels que le *pörkölt* de veau (sorte de goulasch) et le *paprikás* de poulet (variante du *pörkölt* à la crème aigre). Déco mi-ancien mi-contemporain, service chaleureux et vin mis en bouteille par la maison. (1-202 2113 ;

www.21restaurant.hu ; I Fortuna utca 21 ; plats 3 280-4 980 Ft ; 12h-minuit ; 16, 16A, 116)

Leo Budapest

INTERNATIONAL €€€

16 PLAN P. 40, F7

Trônant au 8e étage de l'Hotel Clark, Son Altesse Leo permet de contempler le Palais royal, plus haut, et le Danube en contrebas. La cuisine (hamburgers, sandwichs grecs, saucisses, steaks) est coûteuse mais correcte ; commandez l'un des sublimes cocktails (à partir de 2 850 Ft). Réservation indispensable. (06 70 944 6320 ; www.leo-budapest.hu ; I Clark Ádám tér 1, Hotel Clark ; plats 4 900-13 800 Ft ; 12h-minuit; 16, 105, 19, 41)

Csalogány 26

INTERNATIONAL €€€

17 PLAN P. 40, D3

Ce restaurant intime au décor spartiate réserve toute sa créativité à la cuisine. Goûtez l'agneau rôti accompagné de *lecsó* au butternut (sorte de ratatouille, 5 000Ft) ou d'autres plats carnés mettant parfaitement en valeur les ingrédients locaux. Le menu dégustation en 8 services coûte 6 000 Ft (23 000 Ft avec accords mets-vins), mais le plaisant menu déjeuner de 3 plats proposé en semaine (3 100 Ft) mérite aussi le détour. (1-201 7892 ; www.csalogany26.hu ; I Csalogány utca 26 ; plats 4 500-6 500 Ft ; 12h-15h mar-sam ; 11, 39, 111)

Pierrot

INTERNATIONAL €€€

18 PLAN P. 40, C4

Très élégant, ce restaurant installé de longue date dans une ancienne boulangerie sert des plats de l'Empire austro-hongrois remis au goût du jour : *paprikás* de sandre et de crevettes, cuisse de canard en croûte et chou aux pommes, ou encore joue de porc confite, le tout parfaitement présenté. Attablez-vous dans la salle voûtée, la cour couverte ou le jardin. (1-375 6971 ; www.pierrot.hu ; I Fortuna utca 14 ; plats 3 780-8 910 Ft ; 12h-minuit ; 16, 16A, 116)

Prendre un verre

Steamhouse Cafe

CAFÉ

19 PLAN P. 40, E4

Ce charmant établissement récemment installé au dernier étage de l'ancien marché couvert de Batthyány tér prend le café très au sérieux, avec des mélanges provenant aussi bien de Colombie que d'Éthiopie. On vient aussi pour le petit-déjeuner (de 890 à 2 950 Ft) servi toute la journée, le plat du jour à midi (1 290 Ft) et la belle vue sur le Danube. (06 70 349 0259 ; www.steamhouse.hu/ ; I Batthyány tér 5-6 ; 8h-17h lun-ven, 9h-15h sam ; M M2 Batthyány tér)

Bereg Bar & Cafe

CAFÉ

20 PLAN P. 40, C3

Installé dans la maison du Cygne, remarquable exemple d'architecture organique hongroise, cet endroit chaleureux accueille "les voyageurs, les amoureux, les artistes" et bien d'autres. Il compte un jardin tranquille où l'on peut s'attarder devant une bière artisanale, un verre de vin hongrois, un café ou un repas léger (plats 1 390-2 290 Ft). Service agréable. (☎1-615 1298 ; beregbar.hu ; II Batthyány utca 49 ; 🕙8h-23h lun-ven, 12h-23h sam et dim ; 🚌16, 16A, 116)

Lánchíd Söröző BAR

21 🍷 PLAN P. 40, E6

Avec ses affiches de films et publicités anciennes sur les murs et ses nappes à carreaux rouges sur les tables, ce bar situé à droite du pont des Chaînes possède depuis maintenant 29 ans une formidable atmosphère magyare rétro. Une adresse vraiment locale, au service aimable. On peut aussi manger (plats 1 850-2 650 Ft. (☎1-214 3144 ; lanchidsorozo.hu ; I Fő utca 4 ; 🕙11h-minuit ; 🚌16, 16A, 86, 🚋19, 41)

Oscar American Bar BAR

22 🍷 PLAN P. 40, B3

Ici, le décor s'inspire du septième art (photos de films hollywoodiens sur les murs lambrissés, fauteuils de metteur en scène en cuir...) et l'élégante clientèle semble jouer la comédie plus qu'à son tour. Qu'importe, les puissants cocktails (950-2 250 Ft) – du Daiquiri au Cosmopolitan, en passant par les cocktails au champagne et le mojito – sont fabuleux. Musique live presque chaque soir. (☎06 70 700 0222 ; oscarbarbudapest.hu ; I Ostrom utca 14 ; 🕙17h-minuit mer-jeu, 17h-3h ven-sam ; M M2 Széll Kálmán tér)

Pierrot

Ruszwurm Cukrászda CAFÉ

23 PLAN P. 40, D5

Ce minuscule café ouvert en 1827 est l'endroit idéal pour savourer un expresso et une part de gâteau (350-800 Ft) dans le quartier du Château. En haute saison, il est presque impossible de trouver une table – que ce soit en intérieur ou en extérieur. (1-375 5284 ; www.ruszwurm.hu ; I Szentháromság utca 7 ; 10h-19h été, 10h-18h hiver ; 16, 16A, 116)

Les vins de Hongrie

La Hongrie produit du vin au moins depuis l'époque romaine. Si le vin fait partie intégrante de la culture locale, ce n'est que récemment qu'il est passé de la piquette bue en famille le dimanche ou du dé à coudre chichiteux et hors de prix siroté dans un bar de Budapest, à l'obsession nationale qu'il est devenu aujourd'hui.

Régions viticoles

La Hongrie est divisée en sept régions viticoles comprenant elles-mêmes plusieurs subdivisions dont une demi-douzaine sortent du lot. Si tout est affaire de goût, les rouges les plus caractéristiques sont produits à Eger dans les hautes terres du Nord, et à Villány en Transdanubie méridionale. Les meilleurs blancs secs proviennent de la rive nord du lac Balaton et de Somló, bien que la dernière tendance soit aux *furmint* très secs de Tokaj, également terre natale des fameux blancs doux mondialement connus.

Choisir et acheter son vin

Le vin est proposé au verre ou à la bouteille partout, le plus souvent à des prix raisonnables. Les bars à vins à l'ancienne servent du vin ordinaire à la louche mesuré au *deci* (décilitre, ou 0,1 l) ; si vos papilles sont plus exigeantes, voyez l'un des excellents bars à vins de Budapest, comme le **DiVino Borbár** (p. 103), le **Doblo** (p. 130) ou le **Palack Borbár** (p. 62). Parmi les cavistes réputés, on peut citer la chaîne de magasins **Bortársaság** (p. 49) et **Malatinszky** (p. 105).

Quand vous choisissez un vin hongrois, assurez-vous qu'il comporte les mots *minőségi bor* (vin de qualité) ou *különleges minőségű bor* (vin de première qualité). Sur l'étiquette, le premier mot indique la provenance, le deuxième le cépage (par exemple, Villányi Kékfrankos) ou le type ou la marque du vin (par exemple Tokaji Aszú, Szekszárdi Bikavér). Les autres mots à reconnaître sont : *édes* (doux), *fehér* (blanc), *félédes* (demi-doux), *félszáraz* (demi-sec), *habzóbor* (pétillant), *pezsgő* (champagne), *száraz* (sec) et *vörös* (rouge).

Bambi Eszpresszó CAFÉ

24 PLAN P. 40, E1

Ce café qui porte le nom d'un soda de l'ère communiste n'a presque pas changé depuis les années 1960, et c'est ce qui plaît à la clientèle. Le service sympathique mais un peu brusque fait partie intégrante de l'ambiance. (1-212 3171 ; www.facebook.com/bambieszpresszo ; II Frankel Leó utca 2-4 ; 7h-22h lun-ven, 9h-22h sam et dim ; 19, 41)

Sortir

Centre culturel de Marczibányi tér CONCERTS

25 PLAN P. 40, A1

Le groupe folklorique Guzsalyas présente des spectacles de danses et de musiques hongroises, moldaves, slovaques et csángó (tarif plein/étudiant 1 200/800 Ft), généralement le jeudi à 19h. (Marczibányi téri Művelődési Központ ; 1-212 2820 ; www.marczi.hu ; II Marczibányi tér 5/a ; spectacle 800-5 000 Ft ; 149, 4, 6)

Centre culturel Budavár CONCERTS

26 PLAN P. 40, C7

Ce centre culturel propose de nombreux événements pour enfants et adultes, dont l'excellent Sebő Klub és Táncház, à 19h le deuxième samedi du mois, et le Regejáró Misztrál Folk Music Club, à la même heure le dernier dimanche. (Budavári Művelődési Háza ; 1-201 0324, billetterie 1-201 7158 ; I Krisztina tér 1 ; 800-2 000 Ft ; billetterie 9h-15h lun-mer, 13h-19h ven ; 19, 41)

Shopping

Herend CÉRAMIQUE

27 PLAN P. 40, D5

Haut lieu de la porcelaine en Hongrie, Herend produit des pièces à la fois contemporaines et traditionnelles. Les motifs victoriens de papillons et de fleurs sauvages, conçus par la manufacture pour la reine d'Angleterre au milieu du XIXe siècle, comptent parmi les plus populaires. (06 20 241 3880, 1-225 1051 ; www.herend.com ; I Szentháromság utca 5 ; 10h-18h lun-ven, 10h-14h sam ; 16, 16A, 116)

Bortársaság VIN

28 PLAN P. 40, F7

Autrefois connue sous le nom de Cercle vinicole de Budapest, cette enseigne possède une douzaine de magasins disséminés à travers la capitale, chacun proposant un choix exceptionnel de crus hongrois. Vous ne trouverez nulle part ailleurs des vendeurs aussi fins connaisseurs des vins et cépages hongrois. Cette boutique-ci bénéficie d'une situation centrale, à Buda. (06 20 518 0780 ; www.bortarsasag.hu ; I Lánchíd utca 5 ; 10h-20h lun-ven, 10-19h sam ; M M2 Széll Kálmán tér, 4, 6)

Explorer

Mont Gellért et Tabán

Coiffant le mont Gellért, le monument de la Libération domine Tabán, un secteur verdoyant datant du XVIIe siècle et autrefois essentiellement serbe. Aujourd'hui, cette partie de la ville abrite la prestigieuse Université technologique et économique de Budapest (BME). L'artère principale, Bartók Béla út, est en passe de devenir l'endroit le plus branché du sud de Buda.

Notre sélection

- ***Monument de la Libération (p. 54)*** *Admirez la vue incomparable sur la colline du Château, le Danube et Pest du haut du mont Gellért.*
- ***Bains Gellért (p. 52)*** *Entrez dans cet établissement thermal Art nouveau pour avoir l'impression de vous baigner dans une cathédrale.*
- ***Bazar du Château (p. 58)*** *Gagnez la colline du Château en traversant ce parc d'agrément récemment rénové.*

Comment y aller et circuler

Bus : De V Ferenciek tere (Pest), bus n°7 vers XI Szent Gellért tér. De XI Móricz Zsigmond körtér, n°27 jusqu'au mont Gellért.

M : Ligne M4 jusqu'à XI Gellért tér et XI Móricz Zsigmond körtér.

Tram : Tram n°18 depuis Déli station et n°19 depuis I Batthyány tér jusqu'à XI Szent Gellért tér. Tram n°47 et 49 de XI Szent Gellért tér vers Pest et le Petit Boulevard.

Plan du mont Gellért et de Tabán p. 56

Le monument de la Libération (p. 54) au-dessus de Budapest

Les incontournables

Bains Gellért

Construit en 1918 au pied d'une colline abritant plusieurs sources médicinales, ce bâtiment abrite le Danubius Hotel Gellért, un hôtel légendaire, ainsi que d'immenses thermes de style Art nouveau. Ces derniers sont composés de six bassins à différentes températures (de 35°C à 40°C), aux eaux riches en calcium, magnésium et bicarbonate. Idéal pour apaiser des douleurs articulaires ou pour un moment de bien-être, avec sauna et hammam, dans un décor fabuleux.

PLAN P. 56, D4

Gellért gyógyfürdő

1-466 6166

www.gellertbath.hu

XI Kelenhegyi út 4, Danubius Hotel Gellért

9h-19h

7, 86, M M4 Szent Gellért tér, 18, 19, 47, 49

L'édifice

Bâti de 1912 à 1918 selon les plans d'Ármin Hegedüs, d'Artúr Sebestyén et d'Izidor Stark, sa façade est typique de l'Art nouveau tardif : les motifs floraux courant sur l'ensemble du bâtiment deviennent plus discrets et se géométrisent. Le style se mâtine aussi de néobaroque, comme le montrent les dômes massifs qui coiffent le toit.

Les thermes

Plus chaudes que celles de Buda, ces sources étaient les préférées des Turcs. Au XVIIe siècle, le site était appelé Sárosfürdő ("bain de boue") en raison du limon qui remontait avec l'eau de source et se déposait au fond des bassins. Les bains Gellért dans leur aspect actuel ont ouvert en 1918. En 1927, ils furent complétés par une piscine à vagues extérieure et, en 1934, par un bain à remous intérieur.

Hommes et femmes ont accès à des thermes séparés dont le décor, luxuriant, est identique : murs et plafonds décorés de mosaïques Art nouveau, dans un style orientalisant où dominent le bleu et l'or.

Le bassin de natation intérieur

Il est entouré de colonnes rococo, et sa forme s'inspire des anciens thermes romains de Caracalla. Cette piscine, mixte, est un bijou du style Sécession hongroise (Art nouveau), avec ses murs couverts de majolique et de céramique, ses têtes de lions crachant des jets d'eau et sa verrière.

La piscine extérieure

Dans un jardin de verdure et de rocaille rehaussé de céramique, les baigneurs s'ébattent dans les remous des vagues artificielles. Cette piscine ne fut construite qu'en 1927 ; auparavant, on organisait des thés dansants dans le jardin.

★ À savoir

- Outre un maillot de bain (que vous pouvez louer pour 2 000 Ft si besoin), prévoyez une paire de claquettes et une serviette – les modèles fournis ne sont guère absorbants.
- Le port du bonnet est obligatoire dans les piscines ; apportez le vôtre ou procurez-vous un jetable à 1 000 Ft.

Une petite pause ?

Dans XI Bartók Béla út, au coin de la rue à la sortie des bains, vous trouverez plusieurs bonnes tables.

Vegan Love (p. 60) prépare une cuisine de rue végétalienne saine et originale.

Rempli de livres d'occasion et de journaux, le Kelet Kávézó és Galéria (p. 62) sert des soupes, des salades, du café et des gâteaux.

Les incontournables

Citadelle et monument de la Libération

Cette citadelle n'a jamais servi. Bâtie par les Habsbourg après la guerre d'indépendance de 1848-1849 pour prévenir une nouvelle insurrection, elle fut obsolète dès son achèvement en 1854, tant le climat politique avait changé. Au sud-est se dresse le monument de la Libération, une douce créature proclamant la liberté, une palme à bout de bras.

PLAN P. 56, C3

Citadel

27

Citadelle

La Citadelle, une structure oblongue de 220 m sur 60 m, se déploie autour d'une cour. Elle devint propriété de la ville dans les années 1890 et fut plusieurs fois détruite. Aujourd'hui, de gros canons pointent encore à travers ses meurtrières. L'intérieur est fermé au public et son futur est incertain.

Monument de la Libération

Haut de 14 m, ce monument fut dessiné en mémoire du fils défunt de l'amiral Miklós Horthy, régent autoritaire des années 1930. Il fut achevé après la guerre et installé par les Soviétiques en 1947 pour célébrer la libération de Budapest par l'Armée rouge. Les deux statues des soldats russes ont été transférées en 1992 au parc des Statues (p. 66).

Chapelle de la Grotte

Sur une petite colline, visible de l'hôtel Gellért, cette **chapelle** (Sziklatemplom ; www.sziklatemplom.hu ; XI Szent Gellért rakpart, 1/a ; adulte/enfant 600/500 Ft ; 9h30-19h30 lun-sam ; M M4 Szent Gellért tér, 41, 47, 49, 18, 19) bâtie dans une grotte fut le siège hongrois des pères paulins jusqu'en 1951, date de leur emprisonnement. Le lieu, à nouveau consacré, a rouvert en 1992.

Pont de la Liberté et pont Élisabeth

Le **pont de la Liberté** (Szabadság-híd ; M M4 Szent Gellért tér, 47, 49), au sud, et le **pont Élisabeth** (Erzsébet-híd ; 7, 86, 19), au nord, enjambent le Danube. Le premier, bâti pour l'exposition du Millénaire en 1896 et reconstruit à l'identique après 1945, présente une architecture en porte-à-faux très fin XIXe siècle. Datant de 1964, le pont Élisabeth occupe une place à part dans le cœur des Budapestois : ce fut le premier pont inauguré après la Seconde Guerre mondiale (les Allemands en retraite les avaient tous détruits).

★ À savoir

- Depuis la Citadelle, marchez quelques minutes vers le nord-ouest le long de la *sétány* (promenade), jusqu'à un panorama offrant l'un des meilleurs points de vue de Budapest.
- Pour rejoindre la citadelle à pied depuis la chapelle de la Grotte, traversez le parc en suivant XI Verejték utca ("rue de la Sueur").
- Pour éviter l'abrupte ascension, prenez le bus n°27.

Une petite pause ?

Pour un vrai repas assis, descendez les marches derrière la statue de Saint Géllert et prenez au nord vers Aranyszarvas (p. 61) pour déguster des plats de gibier excellents.

Sinon, descendez jusqu'à Bartók Béla út et rejoignez Marcello (p. 59), où les étudiants viennent depuis plus de 20 ans manger d'excellentes pizzas et d'autres plats italiens.

Nos adresses
Les incontournables p. 52
Voir p. 58
Se restaurer p. 59
Prendre un verre p. 62
Sortir p. 62
Shopping p. 63
0 400 m
Bazar du Château 1
Musée Semmelweis d'histoire médicale 4
Tabán 5
Bains Rudás 3
Citadelle et monument de la Libération
Ancienne ambassade de Suède 2
Bains Gellért
8
11
16
TABÁN
BELVÁROS
MONT GELLÉRT
Danube
Pont Élisabeth (Erzsébet híd)
Pont de la Liberté (Szabadság híd)
Friedrich Born rkp
Várkert rkp
Ybl Miklós tér
Apród u
Szarvas tér
Krisztina krt
Szent Gellért rkp
Attila u
Váralja u
Kereszt u
Hadnagy u
Hegyalja út
Döbrentei tér
Buvette thermale
Orom u
Sánc u
Szirom u
Bérc u
Szirtes út
Citadella sétány
Parc du Jubilé
Számadó u
Kelenhegyi út
Verejték u
Minerva u
Pipacs u
Régi posta u
Váci u
Petőfi Sándor u
Kossuth Lajos u
Ferenciek tere
Szabad sajtó út
Károlyi M u
Nyáry Pál u
Molnár u
Veres Pálné u
Kecskeméti u
Királyi Pál u
Kálvin tér
Jane Haining rkp
Só u
Fővám tér
Vámház krt
Gönczy P u
Lónyay u
Sóház u
Belgrád rkp
Université Corvinus de Budapest
Szent Gellért tér
A
B
C
D
E
F
1
2
3
4

Pázmány Péter sétány
Henryk Slawik rkp
Valdemar és Nina Langlet rkp
Műegyetem rkp
Pont Petőfi
(Petőfi híd)
Magyar tudósok körútja
Egyetemisták parkja
Bogdánfy u
Irinyi József u
FELSŐ-LÁGYMÁNYOS
Egry József u
Sztoczek József u
Bertalan Lajos u
Budafoki út
Karinthy Frigyes út
Lágymányosi u
Bartók Béla út
Zenta u
Mányoki út
Orlay u
Kelenhegyi út
Minerva
Móricz Zsigmond körtér
Berczényi u
Kőrösy József u
Október 23 u
Újbuda-központ
Fehérvári út
Baranyai u
Eszék u
Fadrusz u
Ulászló u
Kanizsai u
Kosztolányi Dezső tér
Feneketlen-tó
(Lac sans fond)
Tas vezér u
Himfy u
Ménesi út
SZENTIMRE-VÁROS
Villányi út
Balogh Tihamér u
Somlói út
Szüret u
Kelenhegyi út
tér
A
B
C
D
E
F
5
6
7
8
6
7
9
10
12
13
14
15
18

Voir

Bazar du Château SITE HISTORIQUE

1 PLAN P. 56, B1

Ce parc d'agrément (1893) rénové qui vient de rouvrir comprend plus d'une douzaine d'édifices néogothiques et néo-Renaissance : théâtre, palais des Congrès et salles d'expositions dans les palais sud et le palais des Gardes. Depuis Lánchíd utca, escalier et ascenseur mènent au jardin néo-Renaissance, tandis qu'escaliers, ascenseurs et escalator gravissent la colline du Château (Várhegy ; 16, 16A, 116, M M2 Batthyány tér, Széll Kálmán tér, 19, 41). (Várkert Bazár ; 1-225 0554; www.varkertbazar.hu ; Ybl Miklós tér 6 ; expositions tarif plein/réduit 2 000 Ft/1 000 Ft ; 8h30-17h lun-jeu, 8h30-14h ven ; 86, 19, 41)

Ancienne ambassade de Suède BÂTIMENT HISTORIQUE

2 PLAN P. 56, C4

L'ancienne ambassade de Suède, sur le mont Gellért, porte une plaque en hommage à Raoul Wallenberg (p. 117), diplomate et homme d'affaires suédois qui, avec ses collègues Carl-Ivan Danielsson et Per Anger, sauva jusqu'à 35 000 juifs de Hongrie pendant la Seconde Guerre mondiale. (XI Minerva utca 3a/b ; 27)

Bains Rudás THERMES

3 PLAN P. 56, C3

Le toit en coupole du grand bassin octogonal de ces bains bâtis par les Turcs en 1566 est incrusté de fragments de verre colorés qui laissent filtrer des rais de lumière sur l'eau. Mixtes le samedi, le dimanche et le vendredi, et le samedi soir en nocturne. Les autres jours sont réservés aux hommes, sauf le mardi (femmes). (Rudas Gyógyfürdő ; 20-321 4568 ; en.rudasfurdo.hu ; I Döbrentei tér 9 ; bains avec cabine semaine/week-end 3 700/4 300 Ft, matin/soirée 3 000/5 500 Ft ; hommes 6h-18h lun-mar et jeu-ven, femmes 6h-18h mar, mixte 13h-19h ven, 21h-2h sam et 7h-19h dim ; 7, 86, 18, 19)

Musée Semmelweis d'histoire médicale MUSÉE

4 PLAN P. 56, B1

Ce curieux musée retrace l'histoire de la médecine depuis l'ère gréco-romaine au moyen d'instruments médicaux et de photographies. Il met en lumière la vie et les travaux d'Ignác Semmelweis (1818-1865), né dans cette maison. Surnommé le "sauveur des mères", il découvrit la cause de la fièvre puerpérale (post-accouchement), mais ses observations ne furent jamais acceptées de son temps. (Semmelweis Orvostörténeti Múzeum ; 1-375 3533, 1-201 1577 ; www.semmelweismuseum.hu ; I Apród utca 1-3 ; adulte/enfant 1 000/500 Ft ; 10h-18h mar-dim mars-oct, 10h-16h mar-ven, 10h-18h sam et dim nov-fév ; 86, 19, 41)

Tabán

QUARTIER

5 PLAN P. 56, A1

Ce quartier vaut surtout pour le parc verdoyant situé entre le mont Gellért et la colline du Château, et qui est l'occasion d'une balade agréable durant laquelle on croise des promeneurs avec leurs chiens. Les Serbes s'y établirent après avoir fui les Ottomans au XVIIIe siècle. Les collines se couvrirent d'auberges et d'échoppes au XIXe siècle. Difficile d'imaginer, en voyant ces pelouses plantées d'arbres, qu'autrefois il y avait là des rues jalonnées de guinguettes ! Le quartier fut une sorte de Montmartre budapestois. Ravagé par un incendie au début du XXe siècle, il fut ultérieurement rasé. Son histoire est retracée en tableaux et en photos dans un petit **musée** (Tabán Muzeum ; 201 70 93 ; Döbrentei utca, 9 ; gratuit ; mer et sam 14h-18h, dim 11h-18h ; 86, 19).

Se restaurer

Marcello

ITALIEN €

6 PLAN P. 56, D6

D'une popularité jamais démentie auprès des étudiants de l'université voisine depuis son ouverture il y a près de trente ans, cet établissement tenu par une famille, dans une rue en contrebas de XI Szent Gellért tér, propose une cuisine italienne simple et fiable à des prix raisonnables. Les pizzas (1 850-2 750 Ft) et le buffet de salades sont d'un bon rapport

Bazar du Château

qualité/prix ; quant aux lasagnes (1 800 Ft), elles sont légendaires. (06 30 243 5229, 1-466 6231 ; www.marcelloetterem.hu/en ; XI Bartók Béla út 40 ; plats 1 420-4 000 Ft ; 11h30-22h lun-mer, 11h30-23h jeu-ven, 12h-23h sam, 12h-22h dim ; 19, 47, 49)

Vegan Love VÉGAN €

7 PLAN P. 56, D5

Excellente adresse de restauration rapide végane, ce petit restaurant situé dans XI Bartók Béla út propose notamment des burgers à la patate douce ou au curry de lentilles, des hot-dogs tofu-piment,

Raoul Wallenberg, un héros pour toujours

En 1936, Raoul Wallenberg (1912-probablement 1947) commença à travailler pour une société commerciale gérée par un juif hongrois. En juillet 1944, à 32 ans, il fut nommé premier secrétaire de l'ambassade de Suède à Budapest et organisa une grande mission de sauvetage des juifs de Hongrie. Presque 500 000 d'entre eux avaient déjà été envoyés dans des camps de concentration nazis en Allemagne et en Pologne.

Wallenberg commença par délivrer des sauf-conduits (les "passeports Wallenberg") de l'ambassade de Suède. Il mit en place des "maisons sûres" (aujourd'hui décorées de plaques, surtout à Újlipótváros) arborant le drapeau de la Suède et d'autres pays neutres, où les juifs pouvaient demander asile. Il suivit même les "marches de la mort" et les trains de déportés, distribuant de la nourriture et des vêtements, et faisant descendre quelque 500 personnes en chemin.

Lorsque l'armée soviétique entra dans Budapest en janvier 1945, Wallenberg se présenta aux autorités, mais, dans la confusion de la guerre, il fut arrêté pour espionnage et envoyé à Moscou. Au début des années 1950, l'Union soviétique annonça qu'il était mort d'une crise cardiaque deux ans après la fin de la guerre. Beaucoup pensent qu'il a en fait été exécuté par les Soviétiques, qui le soupçonnaient d'être un espion à la solde des États-Unis.

Wallenberg fut nommé citoyen d'honneur de la ville de Budapest en 2003. Parmi d'autres étrangers ayant aidé les juifs à Budapest figurent Carl Lutz (1885-1975), un consul suisse en l'honneur duquel a été dressé un mémorial dans VII Dob utca, à Pest, et Jane Haining (1897-1944), une missionnaire écossaise vivant à Budapest et morte à Auschwitz. En 2010, la ville de Budapest a baptisé des sections des rives du Danube en leur honneur.

des sandwichs garnis de steaks de fromage et un bar à salade (petite/grande portion 700/1 400 Ft). www.veganlove.hu ; XI Bartók Béla út 9 ; plats 1 100-2 000 Ft ; 11h-21h ; ; M M4 Móricz Zsigmond körtér, 18, 19, 47, 49)

Aranyszarvas HONGROIS €€

3 PLAN P. 56, B1

Dans une auberge du XVIIIe siècle au pied des marches qui descendent de l'extrémité sud de la colline du Château (admirez la vue !), le "Cerf doré" prépare des plats carnés peu courants (essayez le gibier à la sauce fruitée et aux pâtes, le ragoût de sanglier ou le magret de canard dans une sauce à l'orange). La terrasse couverte extérieure est particulièrement plaisante en été. (06 30 476 2950 ; aranyszarvasetterem.hu/en ; I Szarvas tér 1 ; plats 2 900-5 100 Ft ; 11h30-22h ; 5, 86, 18, 19, 41)

Pagony Kert GASTROPUB €€

PLAN P. 56, D5

Aménagée dans des bassins désaffectés qui faisaient jadis partie des bains Gellért voisins, voici une adresse inhabituelle parfaite par temps chaud. Ouverte en saison, cette cafétéria en plein air permet de savourer un verre de vin, un bon hamburger ou une salade dans un cadre original. (06 20 207 6261 ; www.pagonykert.hu ; Kemenes utca 10 ; plats 2 990-4 190 Ft ; 12h-22h lun-ven, 11h-22h sam et dim ; 7, M M4 Szent Gellért tér, 19, 47, 49)

Hemingway INTERNATIONAL €€

10 PLAN P. 56, A7

Cette adresse très chic, dans un petit parc au bord du légendaire Feneketlen-tó ("lac sans fond"), dans le sud de Buda, propose une carte variée et renouvelée régulièrement, ainsi qu'une vaste terrasse. Elle sert de nombreux plats (3 400-4 900 Ft) pour qui veut manger simple et léger. Le brunch du dimanche (5 700Ft ou 7 900 Ft avec boissons à volonté) attire la foule. (1-381 0522, 06 30 488 6000 ; hemingway-etterem.hu ; XI Kosztolányi Dezső tér 2 ; plats 3 590-6 250 Ft ; 12h-minuit lun-sam, 12h-16h dim ; 7, M M4 Móricz Zsigmond körtér, 19, 49)

Rudas Bistro INTERNATIONAL €€€

11 PLAN P. 56, C3

Avec son intérieur turquoise et sa vue à couper le souffle sur le Danube et ses ponts, cet établissement est irrésistible. Situé au-dessus du centre de bien-être des bains Rudás (renseignez-vous sur les formules tout compris), il vous accueillera après un massage ou un soin. Bien que bruyante, la petite terrasse est agréable en été. (06 30 016 0125 ; www.rudasbistro.hu ; Döbrentei tér 9, bains Rudás ; plats 2 890-4 290 Ft ; 11h-22h ; 7, 86, 18, 19)

Cure express

Si vous n'avez pas envie de vous mouiller les pieds ou n'avez pas le temps d'aller aux thermes, faites comme les habitants : essayez une "cure de boisson" à la **buvette thermale** (Ivócsarnok ; plan p. 56, C2 ; 10h-14h mar et jeu), une pièce chaude et humide au pied de l'extrémité ouest du pont Élisabeth. Un demi-litre/litre de cette eau chaude et malodorante, censée guérir n'importe quelle affection, coûte seulement 30/60 Ft. Apportez votre récipient.

Prendre un verre

Kelet Kávézó és Galéria

CAFÉ

12 PLAN P. 56, D6

Ce café branché est à la fois une bourse aux livres d'occasion au rez-de-chaussée et une grande galerie lumineuse à l'étage. Vous pourrez y lire des journaux étrangers tout en dégustant des soupes (750-1 390 Ft), des sandwichs (à partir de 890 Ft), du riz frit ou un curry (2 190 Ft). Essayez le chocolat chaud. (06 20 456 5507 ; www.keletkavezo.hu ; XI Bartók Béla út 29 ; 7h30-22h30 lun-ven, 9h-22h30 sam-dim ; M M4 Móricz Zsigmond körtér, 18, 19, 47, 49)

Palack Borbár

BAR À VINS

13 PLAN P. 56, D5

Une nouveauté à saluer à Buda : l'ouverture de cet authentique bar à vins proposant plus de 100 crus d'une douzaine de régions hongroises, à déguster au verre (150 ml, 450-1 300 Ft) accompagné d'assiettes de viande ou de fromage (2 490 Ft) ou encore de tapas (750 à 1 690 Ft). Parfait également pour acheter une bouteille. ("Bouteille de vin" ; 06 30 997 1902 ; palackborbar.hu ; Szent Gellért tér 3 ; 12h-23h lun-mar, 12h-minuit mer-sam, 12h-22h dim ; 7, 86, M M4 Szent Gellért tér, 18, 19, 47, 49)

Sortir

Maison de la musique Fonó Buda

CONCERTS

14 PLAN P. 56, C8

Ateliers de *táncház* (musique et danse traditionnelles) plusieurs soirs par semaine (18h30 ou 20h) et concerts (notamment de musique du monde). L'une des meilleures salles du genre à Budapest. Plus de détails sur le site Internet. (Fonó Budai Zeneház ; 1-206 5300 ; www.fono.hu ; XI Sztregova utca 3 ; billetterie 9h-17h lun-ven ; 17, 41, 47, 56)

A38

CONCERTS

15 PLAN P. 56, F7

Juste au sud du pont Petőfi, côté Buda, l'A38 est un cargo ukrainien

38

ıe 1968 transformé en salle de oncerts. Lorsque les meilleurs ıusiciens de rock, punk, fusion raversent l'Europe, ils font scale ici ! Certains concerts sont ratuits. Terrasses ouvertes l'été. (billetterie 1-464 3940 ; www.a38. u ; XI Petőfi híd et Henryk Sławik ıkpart ; 11h-minuit dim-jeu, 11h-3h en et sam ; 212, 4, 6)

Shopping

Prezent

DESIGN

16 PLAN P. 56, B2

Cette boutique spécialisée dans le "design hongrois durable" vend des vêtements de haute qualité, des accessoires et des produits cosmétiques naturels. (www.prezentbudapest.hu ; Döbrentei utca 16 ; 10h30-19h ; 18, 19, 41)

Vaut le détour

Parc des Statues

À 10 km au sud-ouest du centre-ville, ce spectaculaire musée en plein air, appelé aussi Memento Park, regroupe plus de 40 statues, bustes et bas-reliefs représentant Lénine, Marx, Engels, des figures locales comme Béla Kun ou des travailleurs idéalisés – le type de sculptures qui, dans les pays voisins, ont fini détruites ou déboulonnées. On a ici un aperçu saisissant de la Hongrie d'il y a à peine 30 ans.

1-424 7500

www.mementopark.hu

XXII Balatoni út et Szabadkai utca

tarif plein/étudiant 1 800/1 200 Ft

10h-18h mai-oct, 10h-16h nov-avr

101B, 101E, 150

L'entrée

De style néoclassique, en briques rouges, elle est flanquée de Lénine à gauche, et de Marx et Engels à droite. On n'entre pas par là mais par une petite porte sur le côté à gauche – métaphore de la "petite porte", ou système D par lequel chacun essayait d'échapper aux règles. L'allée centrale du parc qui bute sur un mur symbolise le socialisme qui ne mène… nulle part.

Les monuments

Au moins quatre de ces vestiges du réalisme socialiste furent érigés à la fin des années 1980 ; certains, dont le mémorial à Béla Kun, une œuvre du sculpteur Imre Varga représentant le "héros" au milieu d'une foule, étaient toujours en place en 1992. Le soldat de l'Armée rouge, naguère juché au sommet du mont Gellért, mesure 6 m de haut ! Autre colosse, l'ouvrier qui brandit un foulard était surnommé "l'employé du vestiaire" par les Budapestois.

Les films

Dans un baraquement en bois – la Hongrie était surnommée "la baraque la plus joyeuse du camp socialiste" – une exposition présente, entre autres, des films réalisés par la police politique hongroise pour former ses "indics".

Les bottes de Staline

Face à l'entrée, la réplique des bottes du dictateur. Le 23 octobre 1956, la foule en colère déboulonna sa statue, située derrière ce qui est aujourd'hui la Galerie d'art moderne. Haute de 8 m et posée sur un socle de 4 m, elle fut détruite au marteau et au chalumeau par les insurgés, qui n'en laissèrent que les bottes.

La boutique

Cette boutique de musée est une véritable caverne d'Ali Baba regorgeant de souvenirs du communisme : pin's, CD de chants révolutionnaires, livres et affiches.

★ À savoir

- Si vous venez par le bus n°150, le site Web du parc publie un "Memento Park Bonus Tour" (en anglais) avec une liste de sites à repérer en chemin.
- Des visites guidées de 50 minutes en anglais (1 200 Ft) partent tous les jours de l'entrée principale à 11h45, ainsi qu'à d'autres moments en haute saison (mai à octobre).

Une petite pause ?

Le parc n'offre pas la possibilité de se restaurer. Prévoyez un pique-nique ou déjeunez au sud de Buda, dans l'un des établissements voisins de la ligne 4 du métro, comme le Kelet Kávézó és Galéria (p. 62).

Explorer Óbuda

Ó signifiant "ancien" en hongrois, Óbuda désigne la plus vieille partie de Buda. Il y règne encore un semblant d'atmosphère de village d'autrefois, et ses rues étroites cachent quelques excellents musées et restaurants. Au nord s'étendent les vestiges de la cité romaine d'Aquinum. Les aventuriers s'enfonceront sous terre pour explorer l'une des trois grottes ouvertes au public dans les environs immédiats.

Notre sélection

- ***Grotte Pálvölgy (p. 70)*** *Découvrez ce qui se cache sous vos pieds en visitant la plus spectaculaire des trois grottes alentour.*
- ***Musée Vasarely (p. 70)*** *Laissez-vous transporter par les œuvres réellement hallucinatoires du père de l'Op'art.*
- ***Maison-mémorial de Béla Bartók (p. 72)*** *Savourez la musique de Bartók dans sa maison natale en assistant à un concert.*

Comment y aller et circuler

Bus Depuis II Batthyány tér, le n°109 se dirige vers Óbuda. Les bus n[os]34 et 106 relient III Szentlélek tér à Aquincum.

Tramway La ligne 1 circule le long de XIII Róbert Károly körút entre le bois de la Ville et le pont Árpád, à Óbuda. Les lignes 17, 19 et 41 relient III Bécsi út à II Margit körút et au mont Gellért.

HÉV Le H5 dessert les arrêts Szentlélek tér et Tímár utca à Óbuda ainsi que l'arrêt Aquincum.

Plan d'Óbuda p. 68

Musée Vasarely (p. 70) LIUB SHTEIN / SHUTTERSTOCK ©

A
B
C
D
E
F
1
2
3
4
REMETEHEGY
MÁTYÁSHEGY
ÚJLAK
ÓBUDA
Mátyás-hegy
Grotte Pálvölgy
3
Musée Kiscelli
6
Musée Kassák
7
Musée Vasarely
2
Musée hongrois du Commerce et du Tourisme
1
16
12
13
10
15
Hajógyári-sziget (Île d'Óbuda)
Flórián tér
Dévai Bíró M tér
Fő tér
Szentlélek tér
Korona tér
Árpád-híd
Vörösvári út
Bécsi út
Remetehegyi út
Remete köz
Nyereg út
Mátyáshegyi út
Virág Benedek u
Szépvölgyi út
Kolostor út
Doberdó út
Folyondár u
Tégla u
Kiscelli u
Reménység u
Föld u
San Marco u
Zápor u
Kenyeres u
Selmeci u
Beszterce u
Viador u
Nagyszombat u
Bokor u
Szőlő u
Pacsirtamező u
Lajos u
Fényes Adolf u
Perc u
Kis Korona u
Mókus u
Goldberger Leó u
Serfőző u
Textilgyár u
Árpád fejedelem út
Tímár u

Nos adresses
Voir p. 70
Se restaurer p. 72
Prendre un verre p. 75
Sortir p. 75
0
400 m
N
ZÖLDMÁL
FELHÉVÍZ
RÓZSADOMB
Ferenchegyi út
Pusztaszeri út
Boróka u
Szeréna út
Cseitei út
Pusztas út
Ürömi u
Felhévízi u
Szépvölgyi út
Lajos u
9
Bécsi út
Cserfa u
Slachta Margit rkp
Hajós Alfréd sétány
Danube
Zsigmond tér
Józsefhegyi u
Kupeczky u
Áfonya u
Törökvész út
Vérhalom tér
Cserje u
Szemlőhegy u
Szeréna út
Kavics u
Île Marguerite (Margit-sziget)
Tövis u
Vérhalom u
Alsó Törökvész út
Pajzs u
Mandula u
Bogár u
Vérhalom u
Frankel Leó út
Bains Veli Bej
4
8
Bains Szent Lukács
Árpád fejedelem út
Áldás u
Eszter u
Bólyai u
Apostol u
Ady Endre út
Rómer Flóris u
Mausolée de Gül Baba
5
Türbe tér
Török u
Elvis Presley tér
Pont Marguerite (Margit-híd)
Carl Lutz rkp
Rózsahegy u
Zivatar u
Margit tér
Margit híd
A
B
C
D
E
F
5
6
7
8

Voir

Musée hongrois du Commerce et du Tourisme

MUSÉE

1 PLAN P. 68, E2

Ce superbe musée est consacré aux secteurs de la restauration et de l'hôtellerie à Budapest à travers les âges, y compris aux changements spectaculaires survenus après la Seconde Guerre mondiale, avec force vaisselle, affiches publicitaires ou enseignes d'origine. On découvre également le quotidien de divers commerçants – pâtissiers, cafetiers, hôteliers, blanchisseurs, etc. Des expositions temporaires d'avant-garde sont présentées à l'étage. Un petit bijou. (Magyar Kereskedelmi és Vendéglátóipari Múzeum ; 1-375 6249 ; www.mkvm.hu ; III Korona tér 1 ; tarif plein/réduit 1 000/500 Ft ; 10h-18h mar-dim ; 29, 109, (HÉV) H5 Tímár utca)

Musée Vasarely

MUSÉE

2 PLAN P. 68, F1

Installé dans le ravissant palais Zichy, qui héberge aussi d'autres petits musées, ce musée rénové abrite quelque 150 œuvres du peintre Victor Vasarely (1906-1997), né en Hongrie et émigré en France en 1930. Ses recherches sur le mouvement et les effets d'optique ont rendu le père de l'art cinétique, ou Op'art, célèbre dans le monde entier. Voyez notamment les remarquables *Ibadan-Pos* (1977) et *Keek* (1980), qui semblent gonfler et bouger sur la toile. (Vasarely Múzeum ; 1-388 7551 ; www.vasarely.hu ; III Szentlélek tér 6 ; tarif plein/6-26 ans 1 400/700 Ft ; 10h-18h ven-dim ; 29, 109, 1, Szentlélek tér)

Grotte Pálvölgy

GROTTE

3 PLAN P. 68, A3

Deuxième plus grande de Hongrie, cette grotte longue de 29 km, découverte en 1904, est réputée pour ses stalactites spectaculaires mais aussi ses formations rocheuses. Les visites de 1 heure débutent à 10h15 (dernier départ à 16h15), du niveau inférieur. Vous traverserez des passages humides et étroits, et gravirez quelques centaines de marches. La température de 11°C y est constante : prenez de quoi vous couvrir. (Pálvölgyi-barlang ; 1-325 9505 ; www.dunaipoly.hu/en/places/interpretation-sites/pal-volgyi-cave ; II Szépvölgyi út 162/a ; tarif plein/réduit 2 300/1 800 Ft, billet combiné avec la grotte de Szemlőhegy 3 700/2 900 Ft ; 10h-16h mar-dim ; 65)

Bains Veli Bej

THERMES

4 PLAN P. 68, D7

Construits sous l'occupation ottomane en 1575, ces bains turcs, composés de cinq bassins de températures différentes, étaient à l'époque les plus beaux de la ville – le bain central est surmonté d'une magnifique coupole. L'eau, riche en sodium, en potassium et en calcium, soulage les douleurs

rticulaires, les arthrites chroniques
t les carences en calcium.
'établissement compte aussi
les saunas et des hammams ;
nassages possibles. (Veli Bej
ürdője ; 1-438 8587 ; www.irgalmas.
u/site/velibej/sprachen/en ; II Árpád
ejedelem útja 7 ; 6h-12h 2 800 Ft,
5h-19h 3 500 Ft, après 19h 2 800 Ft ;
6h-12h et 15h-21h ; 9, 109, 4,
, 17, 19)

Mausolée de Gül Baba MONUMENT

PLAN P. 68, D8

Ce tombeau rénové coiffé de la lune et du croissant abrite la dépouille de Gül Baba, derviche ottoman qui participa à la prise de Buda en 1541. Surnommé le "Père des roses" car son bonnet était toujours orné d'une fleur, il a donné son nom à cette "colline des roses". Son mausolée est un lieu de pèlerinage pour les musulmans, notamment de Turquie. (Gül Baba türbéje ; 1-237 4400 ; www.museum.hu/budapest/gulbabaturbe ; II Türbe tér 1 ; entrée libre ; 10h-18h ; 4, 6, 17)

Musée Kiscelli MUSÉE

6 PLAN P. 68, C2

Aménagé dans un adorable monastère du XVIIIe siècle sur une colline, ce musée comprend deux sections. Celle de l'histoire de Budapest donne à voir une merveilleuse collection de vieilles enseignes, des salles décorées de bibelots et de meubles Empire et Art nouveau. À l'étage, la **Galerie municipale** (Fővárosi Képtár) expose de grands peintres hongrois (XIXe et XXe siècles) : József Rippl-Rónai, Lajos Tihanyi,

Mausolée de Gül Baba

Maison-mémorial de Béla Bartók

C'est dans cette **maison** (Bartók Béla Emlékház ; 1-394 2100 ; www.bartokemlekhaz.hu ; II Csalán út 29 ; tarif plein/réduit 1 600/800 Ft ; 10h-17h mar-dim ; 5, 29, 61) de 1924, au nord de Szilágyi Erzsébet fasor, que vécut Bartók de 1932 à 1940, avant son départ pour les États-Unis. La visite guidée permet de voir le phonographe Edison (avec ses cylindres de cire) qu'il utilisa pour enregistrer les mélodies populaires de Transylvanie, les meubles sculptés à la main de sa salle à manger, et même une cigarette à demi fumée par lui ! Des concerts de musique de chambre ont lieu toute l'année ; voyez le site Web.

Béla Czóbel, notamment. L'église désaffectée accueille des expositions temporaires. (06 20 544 1348, 1-368 7971 ; www.kiscellimuzeum.hu ; III Kiscelli utca 108 ; tarif plein/réduit 1 600/800 Ft ; 10h-18h mar-dim avr-oct, 10h-16h mar-dim nov-mars ; 29, 109, 165, 17, 19, 41)

Musée Kassák

MUSÉE

7 PLAN P. 68, E1

Voilà un micromusée – dans une petite aile du palais Zichy – pour un grand écrivain. Lajos Kassák (1887-1967), qui était également peintre, créa, pendant la Première Guerre mondiale, un journal pacifiste et anarchiste, au graphisme innovant. Il devint après la guerre une figure de l'avant-garde célèbre dans toute l'Europe. L'exposition permanente est très graphique et vivante. Visites guidées en anglais sur rendez-vous. (368 7021 ; www.kassakmuzeum.hu ; Fö tér, 1 ; tarif plein/réduit 800/400 Ft ; mer-dim 10h-17h ; HÉV jusqu'à Szentlélek tér)

Bains Szent Lukács

THERMES

8 PLAN P. 68, C7

Logé dans un élégant bâtiment néoclassique, ce grand complexe thermal comprend, à l'intérieur, quatre bains (de 26°C à 38°C), un sauna, un hammam et un bain de boue. À l'extérieur, deux bassins de natation encadrés de platanes centenaires et un grand bain à remous qui vous masse de tous les côtés ! Ces thermes de la fin du XIXe siècle sont entièrement mixtes. (Lukács gyógyfürdő ; 326 1695 ; www.lukacsbath.com ; Frankel Leó utca, 25-29 ; journée avec cabine/casier sem 4 300/3 900 Ft, week-end 4 500/4 100 Ft, à partir de 17h sem 3 900 ; thermes et piscines tlj 6h-20h ; 86, 4, 6, 17)

Se restaurer

Chefparade Cafe

CAFÉ

9 PLAN P. 68, D5

Ce café géré par une **école de cuisine** (06 20 316 1876, 1-210 6042 ; www.chefparade.hu ; II Bécsi út 27 ; 9h-17h lun-jeu, 9h-16h ven)

La musique en Hongrie

La contribution hongroise à la musique dépasse largement les frontières du pays, qu'il s'agisse de sa variante classique – appelée *komolyzene* ("musique sérieuse") en hongrois – ou traditionnelle – qui connaît une forme de renouveau depuis quelques décennies.

Musique classique

En la matière, un artiste sort clairement du lot. Fondateur de l'académie de musique de Budapest, Franz (Ferenc, en hongrois) Liszt (1811-1886) aimait à se définir comme "moitié tsigane". Certaines de ses œuvres, notamment les 20 *Rhapsodies hongroises*, évoquent d'ailleurs la musique tsigane.

Ferenc Erkel (1810-1893) est le père de l'opéra hongrois. Deux de ses œuvres – *Bánk Bán*, basé sur la pièce de théâtre éponyme de József Katona, et *László Hunyadi* – sont des incontournables de l'Opéra national hongrois.

Quant à Béla Bartók (1881-1945) et Zoltán Kodály (1882-1967), ils furent les premiers à effectuer une étude systématique de la musique folklorique hongroise, voyageant et enregistrant dans toutes les régions de langue hongroise, en 1906. Par la suite, ils intégrèrent leurs trouvailles dans leurs compositions respectives, Bartók dans *Le Château de Barbe-Bleue*, notamment, Kodály dans les *Variations sur le paon*.

Musique traditionnelle

Il est important de distinguer la musique dite "tsigane" de la musique traditionnelle hongroise. La musique tsigane s'inspire des *verbunkos*, ces airs militaires joués pendant la guerre d'indépendance menée par le prince Rákóczi. Les violons, la contrebasse et le cymbalum y sont de rigueur. Écoutez les disques de Sándor Lakatos et son orchestre pour vous faire une idée.

Les musiciens traditionnels hongrois utilisent le violon, la cithare, la vielle à roue, la cornemuse et le luth, sur une échelle diatonique de cinq tons. On pourra écouter Muzsikás, Márta Sebestyén, Ghymes (une formation de musique hongroise venue de Slovaquie) ou encore les Hongrois de Vujicsics, qui incorporent des sons des Slaves du Sud.

La musique rom, contrairement à la musique tsigane, se chante *a cappella*. Certains groupes modernes, comme Kalyi Jag ("Feu noir"), du nord-est de la Hongrie, Romano Drom ("Route tsigane") ou Romani Rota ("Roues tsiganes"), ont ajouté des guitares, des percussions et même de l'électronique pour créer un son résolument nouveau.

est parfait pour le déjeuner, avec des soupes, des sandwichs, des quiches et des salades faits sur place. (☎06 20 371 5004 ; www.chefparade.hu ; II Bécsi út 27 ; soupes et sandwichs 490-790 Ft ; 11h45-14h ; 17, 19, 41)

Pastrami

INTERNATIONAL **€**

10 PLAN P. 68, E3

Établi dans le secteur d'Újlak à Óbuda, ce restaurant lumineux façon *deli* new-yorkais décline le pastrami de multiples façons, avec notamment son fameux sandwich Reuben (3 990 Ft). On peut aussi prendre le petit-déjeuner et déguster des plats plus sophistiqués, comme le risotto au potiron ou le confit de canard avec pommes de terre au raifort. (☎1-430 1731 ; www.pastrami.hu ; III Lajos utca 93-96 ; plats 2 590-4 790 Ft ; 11h30-23h lun-sam, jusqu'à 18h dim ; 17, 19, 41, (HÉV) H5 Tímár utca)

Sushi Sei

JAPONAIS **€€**

11 PLAN P. 68, D4

Cet élégant restaurant sert la cuisine japonaise la plus variée de Budapest. Outre les magnifiques plateaux de *nigiri*, de sushis et de tempuras, vous pourrez vous régaler de nouilles *soba* froides, de yakitoris, de *tonkatsu* et de poissons grillés. Menus (9 800-12 100 Ft) et *bento* à midi (4 400 Ft). (☎06 30 435 0567, 1-240 4065 ; www.sushisei.hu ; III Bécsi út 58 ; plats 2 600-6 500 Ft ; 12h-22h dim-jeu, 12h-23h ven-sam ; 17, 19, 41)

Kéhli Vendéglő

HONGROIS **€€**

12 PLAN P. 68, E2

Ce restaurant rustique était le préféré de l'écrivain Gyula Krúdy (1878-1933). Ce dernier appréciait tellement la spécialité de la maison, le toast à la moelle et à l'ail (*forró velőscsont fokhagymás pirítóssal*, 990 Ft), qu'il l'évoque dans l'un de ses romans. (☎1-368 0613 ; www.kehli.hu ; III Mókus utca 22 ; plats 1 300-7 500 Ft ; 12h-22h lun-ven et dim, jusqu'à 22h30 sam ; 29, 109, (HÉV) H5 Tímár utca)

Új Sípos Halászkert

HONGROIS **€€**

13 PLAN P. 68, F1

Ce restaurant à l'ancienne fait face à la plus belle place historique d'Óbuda. Essayez la spécialité maison, la *halászlé* (soupe de poisson, à partir de 1 190 Ft), qui existe en plusieurs versions. Comme le dit la devise du lieu : *Halászlében verhetetlen* ("Rien ne vaut une soupe du pêcheur"). Il y a aussi des plats végétariens et un menu enfant. ("Nouveau jardin des pêcheurs" ; ☎1-388 8745 ; www.ujsipos.hu ; III Fő tér 6 ; plats 1 290-6 790 Ft ; 12h-22h mar-ven et dim, 12h-23h sam ; ; 29, 109, (HÉV) H5 Szentlélek tér)

Prendre un verre

Daubner Cukrászda CAFÉ

14 PLAN P. 68, C4

Depuis 1901, on vient ici faire le plein de macarons, de gâteaux et de *pogácsa* (gâteaux salés). On peut aussi s'asseoir devant un café et une douceur mais il vaut la peine de faire le trajet juste pour acheter une part des meilleures pâtisseries de la ville, comme la *pite* aux cerises (400 Ft) ou le *flódni* (520 Ft). (06 20 329 8952, 1-335 2253 ; www.daubnercukraszda.hu ; II Szépvölgyi út 50 ; gâteaux 430-700 Ft ; 9h-19h mar-dim ; 29, 65)

Neked Csak Dezső! BIÈRE ARTISANALE

15 PLAN P. 68, E1

Ce bar dont le nom rappelle celui du cochon tué dans *A Tanú* (*Le Témoin*), film culte de 1969 (notez la silhouette en marqueterie sur le mur), sert 32 bières artisanales à la pression, dont 4 brassées sur place et des IPA et Lager locales telles que Horizont et Mad Scientist. Idéal pour commencer ou finir la soirée : ("Vous n'êtes que Dezső" ! ; 06 30 177 7424, 06 20 316 0931 ; www.facebook.com/nekedcsakdezso ; III Miklós tér 1 ; 16h-minuit lun et mar, jusqu'à 1h mer et ven, jusqu'à 23h jeu, 12h-2h sam, jusqu'à minut dim)

Sortir

Óbuda Társaskör MUSIQUE CLASSIQUE

16 PLAN P. 68, E2

Cette salle très intimiste, proche du restaurant Kehli, propose une bonne programmation de récitals et de concerts d'orchestres de chambre. (1-250 0288 ; www.obudaitarsaskor.hu ; III Kis Korona utca, 7 ; billets 1 000-2 400 Ft ; 86, Tímár utca)

Vaut le détour

Aquincum

Aquincum est la cité romaine la plus complète de Hongrie. Datant de la fin du Ier siècle et érigée capitale de la Pannonie en 106, elle comportait des rues pavées et de somptueuses demeures avec cours, fontaines et sols en mosaïque, ainsi que de remarquables systèmes d'adduction d'eau et de chauffage. Si tout cela ne saute pas aux yeux quand on flâne parmi les vestiges, le musée offre un éclairage précieux.

www.aquincum.hu

III Szentendrei út 135

tarif plein/réduit musée et parc 1 900/950 Ft, parc seul avr-oct 1 500/650 Ft

musée 10h-18h mar-dim avr-oct, 10h-16h nov-mars, parc 9h-18h mar-dim avr-oct

34, 106, (HÉV) H5 Aquincum

Mithraïsme

Le mithraïsme, ou culte du dieu Mithra, est apparu en Perse vers le IIe siècle av. J.-C. La domination romaine s'étendant en Asie, cette religion se propagea auprès des marchands, des esclaves et des légionnaires, puis à travers l'Empire aux IIe et IIIe siècles de notre ère, s'imposant comme la principale rivale du christianisme en raison des similarités entre leurs rites, jusqu'à l'arrivée au pouvoir de Constantin, premier empereur chrétien, au IVe siècle.

Musée d'Aquincum

Au nord de l'entrée de la cité romaine, le musée abrite une impressionnante collection d'objets – poterie, armes, matériel de soin, certificat de ibération militaire... Le sous-sol présente des eux pour enfants, comme un jeu de lutte contre un gladiateur. À l'étage, l'exposition principale reconstitue une partie du décor de la villa d'Hadrien, premier consul de Pannonie et futur empereur de Rome, qui aimait à vivre dans le luxe.

Maison du Peintre et Mithraeum

Juste en face du musée se dresse la merveilleuse maison du Peintre, reconstitution d'une habitation romaine du IIIe siècle. Derrière se tient le Symphorus Mithraeum, un temple dédié à Mithra.

Artère principale

Juste au nord du musée, l'artère principale, parfaitement rectiligne, invite à découvrir es vestiges de vastes bains publics et leurs mosaïques, du *macellum* (marché) ou encore de la *basilica* (tribunal). La plupart des grandes sculptures et des sarcophages de pierre sont exposés au nord-est, dans le bâtiment de l'ancien musée.

★ À savoir

- Si vous arrivez par le train de banlieue HÉV, allez d'abord voir l'**amphithéâtre civil romain** (Római polgári amfiteátrum ; III Zsófia utca et Szentendrei ut ; entrée libre ; (HÉV) H5 Aquincum), avant de traverser la III Szentendrei út très fréquentée.
- Le billet d'entrée au musée du Château (musée d'Histoire de Budapest) ou au musée Kiscelli donne accès à Aquinum pendant 30 jours.

Une petite pause ?

Un restaurant de la chaîne de crêperies **Nagyi Palacsintázója** (1-368 9257 ; nagyipali.hu ; III Szentendrei út 131 ; crêpes 320-990 Ft ; 9h-20h lun, 9h-22h mar-ven et dim, 11h-22h sam ; 34, 106, (HÉV) H5 Aquincum) vous attend juste au sud du musée.

Promenade à pied

Balade sur les collines de Buda

Elles sont le poumon vert de la ville. En hiver, elles se couvrent de neige et on y fait de la luge et du ski de fond ; en été, c'est un bonheur d'arpenter leurs sentiers ombragés. Les chemins sont bien signalisés mais, si vous prévoyez une longue balade, munissez-vous de la Cartographia *à l'échelle 1/30 000 (carte des collines de Buda, n°6), disponible en librairie et dans les kiosques à journaux : elle vous sera fort utile.*

Comment y aller

M M2 Széll Kálmán tér.

Ligne 59 ou 61 jusqu'au terminus bas du train à crémaillère.

Depuis le terminus au sommet du télésiège, ligne 291 vers II Szilágyi Erzsébet fasor.

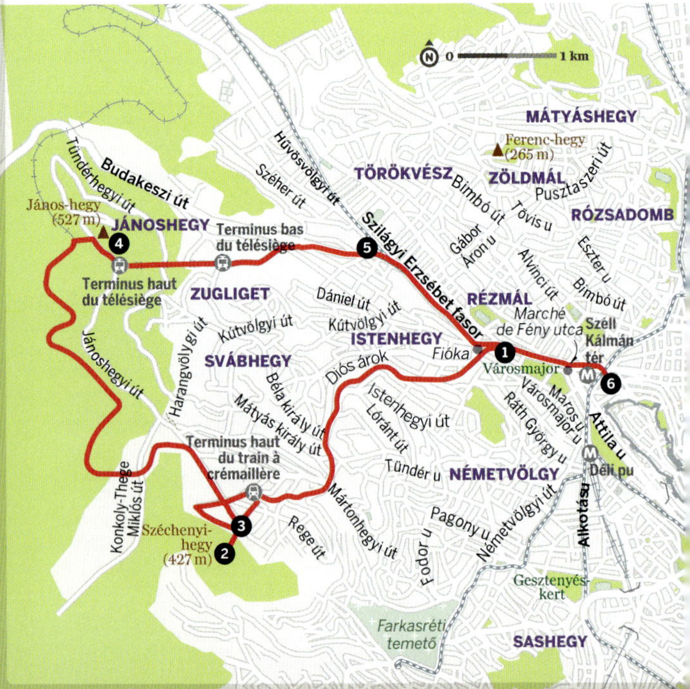

1 Train à crémaillère

.ent mais robuste, ce **train rouge** Fogaskerekű vasút ; www.bkk.hu ; :II Szilágyi Erzsébet fasor 14-16 ; illet BKV ou 350 Ft ; 5h-23h) 'ous mènera en haut de la colline. /larchez 10 minutes sur Szilágyi :rzsébet fasor au départ de la tation de métro Széll Kálmán tér : e terminus bas du train se trouve n face de l'Hotel Budapest, au °47. Construit en 1874, le train rimpe 3,7 km en 14 minutes jusqu'à Széchenyi-hegy (427 m d'altitude).

2 Train des Enfants

uste au sud de la gare de Széchenyi-hegy, dans XII Iegyhát út, le **train des Enfants** Gyermekvasút ; 1-397 5394 ; www. yermekvasut.hu ; adulte/enfant aller imple 800/400 Ft, aller-retour avec ou ans escale 1400/700 Ft ; 9h-17h30 nar-ven, 9h-18h sam et dim mars-oct, oraires variables le reste de l'année) irculant sur des voies étroites arcourt 11 km en 45 minutes, à 0 km/h, jusqu'à Hűvösvölgy. Fondé ar les pionniers (mouvement de unesse communiste) en 1951, a changé de nom mais, hormis e conducteur, il est toujours géré ar des enfants de 10 à 14 ans. escendez à mi-parcours, János-hegy, le 4e arrêt.

3 Prenez de la hauteur

e **belvédère Élisabeth** (Erzsébet ilátó ; Erzsébet kilátó utca ; 8h- 0h ; train des Enfants jusqu'à ános-hegy) est à 527 m d'altitude, point culminant des collines e Buda. Construit en 1910 par Frigyes Schulek, architecte de l'église Mathias et du bastion des Pêcheurs, il mesure 23,5 m. Après avoir grimpé 134 marches, vous admirerez une vue superbe qui porte par temps clair jusqu'à la chaîne slovaque des Tatras.

4 Retour en télésiège

À 700 m à l'est du belvédère, le **télésiège** (Libegő ; www.bkv.hu ; aller simple/aller-retour adulte 1 400/2 000 Ft, 3-14 ans 700/1 100 Ft ; 10h-19h mai-août, horaires variables le reste de l'année ; 291) vous emmènera 1 040 m plus bas à 4 km/h dans XII Zugligeti út. La descente de 15 minutes offre un panorama magnifique. De là, le bus n°291 vous conduira à la gare Nyugati par le pont Marguerite.

5 Dînez dans les collines

Le bus n°291 s'arrête devant le **Szép Ilona** (1-275 1392 ; www.szepilonavendeglo.hu ; II Budakeszi út 3 ; plats 1 700-5 800 Ft ; 12h-22h ; 56, 61), une adresse incontournable des collines de Buda pour savourer une copieuse cuisine locale. Pour une option plus "moderne", le **Fióka** (1-426 5555 ; www.fiokaetterem.hu/en ; XII Városmajor utca 75 ; plats 2 990-4 680 Ft ; 11h-minuit ; 56, 59, 61) est un bistro-bar à vins récent, à deux pas du terminus bas du train rouge.

6 Un dernier verre

Offrez-vous un verre à l'**Oscar American Bar** (p. 47), au-dessus de II Széll Kálmán tér, en remontant vers la colline du Château.

Explorer
Belváros

La "ville intérieure", splendeur d'architecture Art nouveau, constitue le cœur de Pest, là où se trouvent la rue Váci, avec ses boutiques de luxe, ses restaurants et ses bars, et la place Vörösmarty, qui abrite la plus célèbre cukrászda (pâtisserie) de la ville ainsi que le premier des quatre restaurants étoilés au Michelin. Le quartier s'articule autour de la place Deák Ferenc tér, où se croisent trois des quatre lignes de métro.

Notre sélection

- ***Váci utca (p. 82)*** *Baladez-vous sur la principale artère touristique, bordée de boutiques et de quelques bâtiments remarquables.*
- ***Gerbeaud (p. 83)*** *Savourez une boisson chaude et une douceur dans la meilleure cukrászda (pâtisserie) de la ville.*
- ***Pesti Vigadó (p. 86)*** *Montez le grand escalier de ce superbe bâtiment du XIXe siècle pour contempler la vue depuis la terrasse.*
- ***Baraka (p. 88)*** *Offrez-vous un repas d'exception dans ce restaurant haut de gamme.*

Comment y aller et circuler

M M1 Vörösmarty tér, M3 Ferenciek tere, M1/2/3 Deák Ferenc tér, M3/4 Kálvin tér.

Ligne 47 ou 49 de V Deák Ferenc tér au pont de la Liberté, ligne 2 de Belgrád rakpart à V Szent István körút.

De V Ferenciek tere, n° 7, 8E ou 110 pour Buda ; de V Egyetem tér, n°15 ou 115 pour IX Boráros tér.

Plan de Belváros p. 84

Gerbeaud (p. 83) RAINER MARTINI / LOOK-FOTO / GETTY IMAGES ©

Promenade à pied

Lèche-vitrines de la rue Váci à la place Vörösmarty

Principale artère commerçante de la capitale, Váci utca est une rue piétonne bordée de grandes chaînes de magasins, de restaurants touristiques et de quelques boutiques et édifices remarquables. Au Moyen Âge, elle traversait la totalité de la ville de Pest.

Comment y aller

M M1/2/3 Deák Ferenc tér, M3 Ferenciek tere

2, 47, 48, 49

5, 7, 110

❶ Párisi Udvar

Commencez votre découverte à la **Párisi Udvar** (galerie couverte parisienne, maison Brudern ; V Ferenciek tere 5 ; M M3 Ferenciek tere), une galerie marchande construite en 1909. Elle était en travaux lors de notre passage, mais vous devriez pouvoir admirer son plafond richement décoré quand elle rouvrira sous la forme d'un hôtel de 130 chambres. Immédiatement à l'ouest se trouve Váci utca.

❷ Philanthia

Dirigez-vous vers la boutique de fleurs et de cadeaux **Philanthia** (☎ 06 70 933 2266 ; www.facebook.com/LikePhilanthia ; V Váci utca 9 ; ⌚ 10h-18h lun-mar et jeu-sam ; M M1/2/3 Deák Ferenc tér, 🚋 2), dont l'intérieur Art nouveau unique (et très rare) date de 1906. En chemin, vous pouvez bifurquer dans Régi Posta utca pour admirer, au n°13, le relief d'une ancienne voiture de poste de la céramiste Margit Kovács. Juste avant Philanthia, la **maison Thonet** (V Váci utca 11/a ; M M1/2/3 Deák Ferenc tér, 🚋 2) est un chef-d'œuvre d'Ödön Lechner réalisé en 1890.

❸ Fontaine

Vers la fin de Váci utca, sur Kristóf tér, la petite statue de la Pêcheuse (V Kristóf tér ; M M1 Vörösmarty tér), datant du XIXe siècle), arbore un gouvernail qui tourne encore. Un peu plus loin au nord-ouest, le somptueux **palais de la Banque** (Bank Palota ; V Deák Ferenc utca 3-5 ; M M1 Vörösmarty tér) date de 1915. Jadis siège de la Bourse de Budapest, il abrite désormais la galerie marchande Váci 1 et le Hard Rock Cafe de Budapest.

❹ Vörösmarty Tér

Váci utca débouche sur la majestueuse **Vörösmarty tér** (M M1 Vörösmarty tér), encadrée de façades néoclassiques occupées par d'élégants cafés et boutiques. Au centre se dresse une statue de Mihály Vörösmarty, le poète qui donne son nom à la place.

❺ Pause gourmande

Sur le côté nord de la place, **Gerbeaud** (☎ 1-429 9000 ; www.gerbeaud.hu ; V Vörösmarty tér 7-8 ; ⌚ 9h-19h lun-jeu, jusqu'à 20h ven-sam ; M M1 Vörösmarty tér) est la pâtisserie la plus chic et la plus réputée de Budapest. Installez-vous en terrasse et commandez la *Dobos torta*, une délectable alternance de sept couches de génoise et de chocolat sous un glaçage caramélisé, créée en 1884 par le chef pâtissier hongrois József C Dobos.

❻ Promenade le long du Danube

La promenade **Duna korzó** (M M1 Vörösmarty tér, 🚋 2), qui longe les berges du Danube entre le pont des Chaînes et le pont Élisabeth, offre un retour agréable jusqu'à Ferenciek tere.

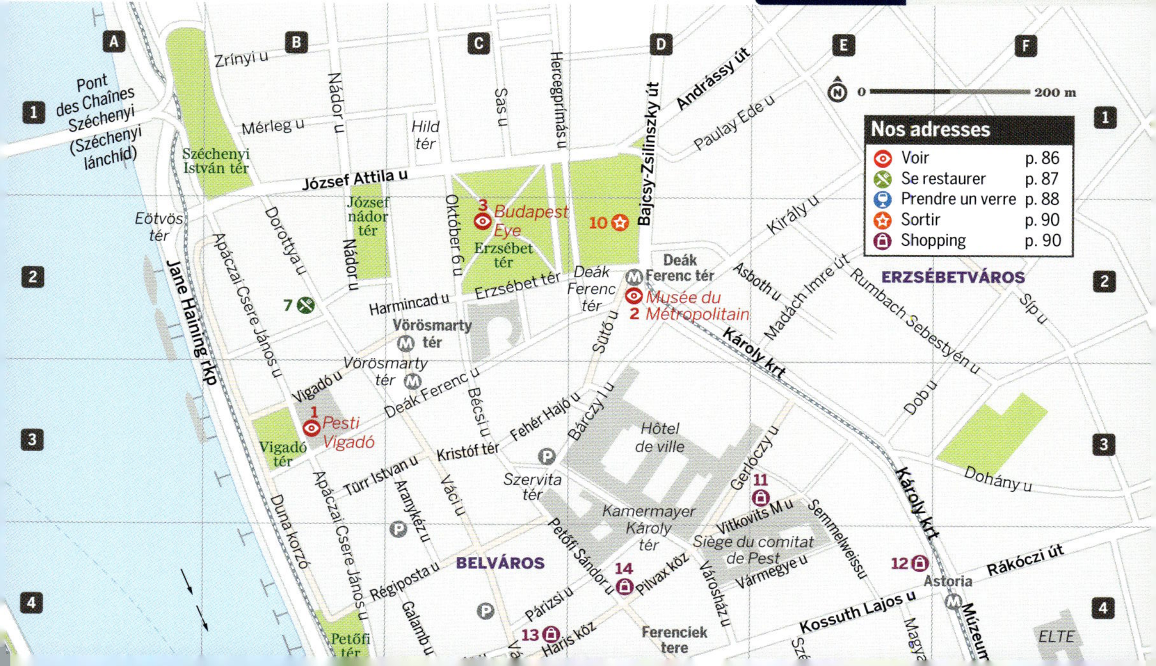
Nos adresses
Voir p. 86
Se restaurer p. 87
Prendre un verre p. 88
Sortir p. 90
Shopping p. 90
0
200 m
A
B
C
D
E
F
1
2
3
4
Pont des Chaînes Széchenyi (Széchenyi lánchíd)
Széchenyi István tér
Eötvös tér
Jane Haining rkp
Zrínyi u
Mérleg u
Nádor u
Hild tér
Sas u
Hercegprímás u
Bajcsy-Zsilinszky út
Andrássy út
Paulay Ede u
József Attila u
József nádor tér
Október 6 u
3 Budapest Eye
Erzsébet tér
10
Deák Ferenc tér
Deák Ferenc tér
2 Musée du Métropolitain
Király u
Asboth u
Madách Imre út
Rumbach Sebestyén u
ERZSÉBETVÁROS
Síp u
Dorottya u
Apáczai Csere János u
7
Harmincad u
Erzsébet tér
Vörösmarty tér
Vörösmarty tér
Vigadó u
1 Pesti Vigadó
Vigadó tér
Deák Ferenc u
Bécsi u
Sütő u
Károly krt
Dob u
Dohány u
Bárczy I u
Fehér Hajó u
Hôtel de ville
Gerlóczy u
11
Kristóf tér
Türr István u
Szervita tér
Kamermayer Károly tér
Vitkovits M u
Semmelweiss u
Siège du comitat de Pest
Vármegye u
Városház u
12
Astoria
Rákóczi út
Károly krt
Duna korzó
Aranykéz u
Váci u
Petőfi Sándor u
14
Pilvax köz
BELVÁROS
Régiposta u
Párizsi u
Galamb u
13
Haris köz
Ferenciek tere
Kossuth Lajos u
Múzeum
ELTE
Petőfi tér

A
B
C
D
E
F
5
6
7
8
Belgrád rkp
Université polytechnique et économique de Budapest
Erkel u
Sóház u
Pipa u
Gönczy P u
Lónyay u
Török Pál u
Ráday u
Fővám tér
Molnár u
Vámház krt
Só u
Veres Pálné u
Szarka u
Havas u
Pont de la Liberté (Szabadság híd)
Friedrich Born rkp
Citadelle
Parc du Jubilé
Danube
Üllői út
Kálvin tér
Bástya u
Királyi Pál u
Fehér György u
Szerb u
Váci u
Képíró u
Kecskeméti u
Egyetem tér
Papnövelde u
Nyáry Pál u
Múzeum krt
Magyar u
Henszlmann Imre u
Bibliothèque universitaire
Jardin Károlyi
Ferenczy István u
Károlyi Mihály u
Cukor u
Irányi u
Duna u
Pesti alsó rkp
Piarista köz
Március 15 tér
Haining rkp
Pont Élisabeth (Erzsébet híd)
Csendes Társ
Reáltanoda u
Curia u
8
6

Voir

Pesti Vigadó ÉDIFICE REMARQUABLE

1 PLAN P. 84, B3

Construite en 1865 et gravement endommagée pendant la Seconde Guerre mondiale, cette salle de concerts de style romantique donne sur le fleuve, à l'ouest de Vörösmarty tér. Rouvert en 2014 après d'importants travaux de restauration, l'édifice a retrouvé sa splendeur d'autrefois. Les 5e et 6e étages ont été ajoutés pour accueillir des expositions temporaires et une terrasse fabuleuse avec un petit café offre désormais une vue imprenable sur le Danube. L'endroit est idéal pour assister à un concert de musique classique dans un cadre somptueux. (Salle de concerts de Pest ; 1-328 3300 ; vigado.hu ; V Vigadó tér 2 ; billet combiné tarif plein/réduit 2 500/1 250 Ft, billet "promenade" sans exposition 1 400/700 Ft ; 10h-19h ; M M1 Vörösmarty tér, 2)

Un point de vue différent

Les navettes fluviales BKV qui marquent plusieurs haltes le long du Danube sont une agréable façon de découvrir Belváros sous un autre angle. De IX Boráros tér, les lignes D11 et D12 rejoignent la rive opposée avant de revenir à Pest ; descendez du bateau à V Petőfi tér ou restez à bord pour aller jusqu'à l'île Marguerite ou plus loin.

Musée du Métropolitain MUSÉ

2 PLAN P. 84, D2

Dans le passage souterrain situé sous V Deák Ferenc tér, à côté du guichet principal, ce petit musée retrace le développement des lignes de métro de la capitale. Le petit métro jaune (M1), premier d'Europe continentale, ouvert pou les célébrations du millénaire en 1896, est à l'honneur. Installé dans une série de tunnels et de stations le musée expose des voitures magnifiquement restaurées. (Földalatti Vasúti Múzeum ; www.bkv.hu/en/millennium_underground_museum ; tarif plein/réduit 350/280 Ft ; 10h-17h mar-dim ; M M1/2/3 Deák Ferenc tér)

Budapest Eye GRANDE ROU

3 PLAN P. 84, C2

Dominant V Erzsébet tér, cette attraction affirme "être à Budapest ce que le London Eye est à Londres". À 65 m, elle est pourtant moitié moins haute que sa grande sœur londonienne et ne vous fait faire que trois tours. Elle procure néanmoins un point de vue sur Pest et sur Buda, de l'autre côté d Danube, surtout à la nuit tombée. (Oriaskerek ; 06 70 636 0629 ; www.oriaskerek.com ; V Erzsébet tér ; adulte/enfant/famille 3 000/1 800/8 700 Ft, billet coupe-file 3 900 Ft ; 10h-23h lun-jeu, 12h-minuit ven, 11h-minuit sam, 11h-23hdim ; M M1/2/3 Deák Ferenc té

Statue de Sándor Petőfi MONUMENT

PLAN P. 84, A5

Le poète qui mena la révolution de 1848 contre les Habsbourg (il perdit la vie dans cette lutte, en 1849) est ici représenté déclamant ses célèbres vers : "Debout, Hongrois !" Sa statue fut le point de ralliement de nombreuses manifestations anticommunistes en 1956 et en 1989-1990. (Petőfi tér ; M Vörösmarty tér, Petőfi tér)

Se restaurer

Monk's Bistrot HONGROIS €€

PLAN P. 84, C5

Avec un décor d'inspiration industrielle, une cuisine ouverte et un personnel branché, ce nouveau restaurant ambitieux propose des associations d'ingrédients audacieuses (mais toujours réussies) et des spécialités hongroises revisitées. Le fromage de chèvre aux pêches est excellent, tout comme le sandre à la bergamote et à l'aneth. Le déjeuner de 3 plats en semaine est une affaire (2 780 Ft). (06 30 789 4718 ; www.english.monks.hu ; V Piarista köz 1 ; plats 3 880-7 880 Ft ; 11h-22h ; ; 2)

Kárpátia HONGROIS €€

6 PLAN P. 84, D5

Dans ce palais de 1877, on mange des spécialités de Hongrie et de Transylvanie légèrement modernisées. Attablez-vous

Pesti Vigadó

dans le luxueux restaurant, à l'arrière, ou dans la *söröző* (brasserie) moins coûteuse. Les plats, essentiellement carnés, sont préparés de main de maître et il y a une bonne carte de vins hongrois. Authentique *csárdás* (musique tsigane) de 18h à 23h. (☎ 1-317 3596 ; www.karpatia.hu ; V Ferenciek tere 7-8 ; plats 4 300-8 900 Ft ; ⏲ 11h-23h lun-ven, 17h-23h sam et dim ; 🎵 ; Ⓜ M3 Ferenciek tere)

Jardin Károly et musée littéraire Petőfi

Magnifique endroit pour s'aérer, le **jardin Károly** (Károlyi kert ; plan p. 84, E5 ; V Ferenczy István utca ; Ⓜ M2 Astoria, 🚋 47, 48, 49) a été créé pour accompagner le **palais Károly**, qui abrite aujourd'hui un musée littéraire. Prisé des Budapestois, notamment des familles pour son agréable aire de jeux, le jardin éclate de mille fleurs colorées aux beaux jours et dispose de nombreux bancs ombragés. Avec ses quelques tables installées autour du portail en fer forgé du parc, le **Csendes Társ** (plan p. 84, F5 ; ☎ 1-727 2100 ; V Magyar utca 18 ; ⏲ 10h-23h ; Ⓜ M2 Astoria, 🚋 47, 49) est un lieu charmant pour prendre un apéritif ou un en-cas.

Baraka

FUSION €€€

7 PLAN P. 84, B2

Si vous voulez dîner dans un restaurant gastronomique à Budapest, choisissez le Baraka. Installé dans une salle monochrome, vous pourrez apercevoir le chef André Bicalho à l'œuvre dans la cuisine semi-ouverte. Les plats joliment présentés, d'inspiration française asiatique et hongroise, font la part belle aux produits de la mer. Le bar propose une large sélection de whiskys japonais et de bouchées asiatiques. (☎ 1-200 0817 ; www.barakarestaurant.hu ; V Dorottya utca 6 ; plats 7 500-17 500 Ft, menu dégustation 5 plats sans/avec vin 23 500/38 000 Ft ; ⏲ 18h-22h lun-sam ; Ⓜ M1 Vörösmarty tér)

Prendre un verre

Good Spirit Bar

BAR À COCKTAILS

8 PLAN P. 84, D6

Ce bar chaleureux propose plus de 300 whiskys (single malt ou blend) provenant d'Écosse, du Japon et même de Hongrie. Sinon, commandez l'un des cocktails maison, dont plusieurs ont été primés. (☎ 06 20 286 8040 goodspiritbar.hu ; V Veres Pálné utca 7 ⏲ 17h-minuit mer-sam ; 🚌 15, 115, Ⓜ M3 Ferenciek tere, 🚋 2)

Architecture Art nouveau

Les exemples d'architecture Art nouveau – et de sa variante viennoise, la Sécession – sont légion aux quatre coins de Budapest. Ses courbes sinueuses, ses formes mouvantes et asymétriques, ses céramiques colorées et autres éléments décoratifs émergent d'un océan de bâtiments baroques raffinés et de délicats édifices néoclassiques.

Ce style artistique et architectural s'épanouit en Europe et aux États-Unis à partir de 1890, et jusqu'en 1910 environ. D'abord apparu en Grande-Bretagne dans le prolongement du mouvement Arts & Crafts fondé par William Morris (1834-1896), l'Art nouveau met l'accent sur les procédés manuels et entend créer un nouveau style organique, en réaction à la reproduction mécanique et à la standardisation engendrées par la révolution industrielle.

Ce style s'étend bientôt à toute l'Europe, revêtant au passage des caractéristiques distinctes, qu'elles soient locales et/ou nationales. À Vienne, les "Sécessionnistes" créent une variante locale, plus géométrique : le Sezessionstil (Szecesszió, en hongrois). À Budapest émerge un style éclectique et typiquement hongrois, avec des façades d'inspiration traditionnelle ornées de figures allégoriques et historiques, de motifs folkloriques, de céramiques Zsolnay et d'autres matériaux locaux.

Au début du XXe siècle, cependant, l'Art nouveau et ses variantes sont jugés étriqués, désuets, voire vulgaires. Heureusement pour les Budapestois, la torpeur économique et politique de l'entre-deux-guerres, puis les quarante années de "grand sommeil" qui suivent la Seconde Guerre mondiale, permettent à de nombreux édifices Art nouveau ou Szecesszió de subsister – beaucoup plus en vérité que dans les grandes villes de l'Art nouveau que sont Paris, Vienne et Bruxelles.

Le maître hongrois de l'Art nouveau se nomme Ödön Lechner (1845-1914). Si son projet budapestois le plus ambitieux reste le musée des Arts décoratifs (p. 139), son chef-d'œuvre absolu est la Caisse d'épargne de la Poste royale (p. 100). Parmi les constructions intéressantes signées d'autres architectes, citons le somptueux intérieur des bains Gellért (p. 52) et l'Académie de musique Franz Liszt (p. 124, ne se visite que lors des concerts ou dans le cadre de visites en groupe), ainsi que la galerie marchande Párisi udvar (p. 83) et le magasin Philanthia (p. 83).

Sur le pouce

Toujours pressés, les Budapestois aiment déjeuner rapidement et à toute heure de la journée. Un en-cas gourmand fait parfois office de repas. Dans le centre-ville, deux comptoirs ne désemplissent pas. Les étudiants de l'université raffolent du bar à soupes **Leves** (06 30 241 77 60 ; Vámház körút, 14 ; tlj 11h-19h ; Fővám tér). Situé en face de la Grande Halle (vaste bâtiment en brique du XIXe siècle), il propose chaque jour des recettes différentes, que l'on consomme debout, autour d'un comptoir sur le trottoir. Au comptoir-pâtisserie **Jégbüfé** (318 62 05 ; Petőfi Sándor u. 3 ; tlj 7h-21h30), près de la bourdonnante place Ferenciek, on avale des petits-fours salés nature ou au fromage (*sajtos masni*) qui sortent du four, ou de délicieuses pâtisseries.

Centrál Kávéház

CAFÉ

9 PLAN P. 84, E5

Ce café traditionnel prestigieux date de 1887. Décoré de cuir et de bois sombre, c'est aussi un bon endroit pour regarder l'animation de la rue. On y sert des petits-déjeuners jusqu'à 11h30 (1 800-3 400 Ft), ainsi que des repas copieux, des gâteaux et des pâtisseries (1 300-1 500 Ft). (1-266 2110, 06 30 382 3357 ; www.centralkavehaz.hu ; V Károlyi utca 9 ; 8h-minuit ; ; 15, 115, M M3 Ferenciek tere)

Sortir

Akvárium Klub

CONCERTS

10 PLAN P. 84, D2

L'Akvárium Klub propose une programmation éclectique à base de musique hongroise et internationale (indé, jazz, musiques du monde, pop, electronica, etc.). La grande salle peut accueillir 1 500 personnes, la petite 700 et le "pub" 300. En été, les clients s'installent sur la terrasse et les marches alentour. (06 30 860 3368 ; www.akvariumklub.hu ; V Erzsébet tér 12 ; 15h-23h lun-dim ; M M1/2/3 Deák Ferenc tér ; M M1/2/3 Deák Ferenc tér, 47, 49)

Shopping

Holló Műhely

ART ET ARTISANAT

11 PLAN P. 84, E3

Près de l'extrémité nord de Váci utca, les beaux objets d'artisanat aux lignes modernes de cet atelier boutique sont parfaits si vous cherchez un cadeau. Jolis meubles et magnifiques œufs de Pâques peints. (1- 317 8103 ; V Vitkovics Mihály utca 12 ; 15h-19h mar ; M M1/2/3 Deák Ferenc tér, 47, 49)

?annon Glove
GANTS

.2 PLAN P. 84, E4

On vend ici des gants de qualité pour hommes et femmes, notamment en cuir pour l'hiver, fabriqués par la célèbre maison Bognár à Pécs, dans le sud du pays. Personnel compétent et serviable. (1-483 0820, 06 30 940 7874 ; www.pannonpecsikesztyu.hu ; V Károly körút 4 ; 10h-18h lun-ven, 10h-15h sam ; M M2 Astoria, 47, 49)

Vass Shoes
CHAUSSURES

.3 PLAN P. 84, C4

Installé depuis 1896 et très réputé, ce chausseur traditionnel confectionne des chaussures sur mesure. Certains clients viennent spécialement en Hongrie pour ses souliers. (1-318 2375 ; vass-shoes.com ; V Haris köz 2 ; 10h-18h lun-ven, 10h-16h sam ; M M3 Ferenciek tere)

Gratuit

Entrée libre à la **Maison des architectes** (Fuga ; 266 23 95 ; www.fuga.org.hu ; Petőfi Sándor utca, 5 ; tlj 11h-20h ; M M3 Ferenciek tere) qui présente des expositions de design, de photo et d'architecture de jeunes artistes contemporains. Sa librairie, son petit café et ses concerts occasionnels (payants) en font une mini-maison de la culture au cœur de Pest.

Magma
ARTICLES POUR LA MAISON

14 PLAN P. 84, D4

Au cœur de Belváros, cette boutique présente exclusivement des créateurs hongrois : verrerie, porcelaine, jouets, tissus et meubles. (1-235 0277 ; www.magma.hu ; V Petőfi Sándor utca 11 ; 10h-18h lun-ven, 10h-15h sam ; M M3 Ferenciek tere)

Explorer

Lipótváros et environs

Au nord de Belváros, Lipótváros (Léopold-Ville) accueille deux édifices emblématiques : à l'ouest, le Parlement, face au Danube ; à l'est, la basilique Saint-Étienne. Avec ses excellents musées, ses jolies places et ses bâtiments Art nouveau, c'est un quartier phare pour le tourisme. À l'est s'étend Terézváros (Thérèse-Ville), un secteur très animé le soir.

Notre sélection

- ***Parlement (p. 94)*** *Arpentez les couloirs du bâtiment le plus emblématique de Budapest.*
- ***Basilique Saint-Étienne (p. 96)*** *Visitez ce lieu qui sert d'écrin à la relique la plus vénérée de Hongrie.*
- ***Caisse d'épargne de la Poste royale (p. 100)*** *Admirez les lignes sinueuses et les formes asymétrique de cette bâtisse Art nouveau.*
- ***Szabadság tér (p. 100)*** *Flânez sur cette superbe place, l'une des plus grandes de la ville.*

Comment y aller et circuler

Bus : Ligne 15 à V Szabadság tér pour rallier le nord de Pest ; ligne 16 à V Deák Ferenc tér pour la colline du Château.

M Ligne 2 à Kossuth Lajos tér, ligne 3 à Arany János utca et lignes 1/2/3 à Deák Ferenc tér.

Tram : Ligne 2 à Antall József rakpart pour V Szent István körút ; ligne 4 ou 6 à V Szent István körút pour rejoindre Buda ou les boulevards circulaires intérieurs à Pest.

Plan de Lipótváros et environs p. 98

Parlement (p. 94) PHOTO.UA / SHUTTERSTOCK ©

Les incontournables

Le Parlement

Édifice le plus vaste de Hongrie, le Parlement s'étend sur quelque 268 m le long du Danube, à Pest, depuis Kossuth Lajor tér. Son emplacement n'est en rien dû au hasard : placé ici, il fait contrepoids au Palais royal qui se dresse sur les hauteurs de Buda, de l'autre côté du fleuve. Manière pour les Hongrois d'affirmer à l'empereur d'Autriche qu'ils se rêvaient un avenir loin de son pouvoir.

PLAN P. 98, A4

Országház

www.parlament.hu/web/visitors

V Kossuth Lajos tér 1-3

tarif plein/6-24 ans citoyen européen 1 600/800 Ft, non européen 3 200/1 600 Ft

M M2 Kossuth Lajos tér,

\rchitecture

)essiné par Imre Steindl en 1885, le bâtiment nêle plusieurs styles architecturaux néogothique, néoroman, néobaroque).)uelque 90 sculptures de personnages illustres :ontemplent le fleuve depuis la façade ouest. .'entrée principale, la porte des Lions, donne ur la place V Kossuth Lajos tér où se trouve lésormais un centre des visiteurs (côté nord).

ntérieur

.a visite guidée ne donne accès qu'à quelques-ines des 700 salles. Depuis le centre des isiteurs, on gravit les 132 marches du omptueux Escalier doré, puis on découvre a salle de la Coupole. Haute de 27 m et d'un liamètre de 20 m, elle repose sur 16 piliers le marbre supportant les effigies de saints t de rois depuis Árpád (Mathias Ier Corvin, impératrice Marie-Thérèse...). Au centre, ccupant la place d'honneur, les insignes oyaux comprennent la croix de saint Étienne, rincipal emblème de la nation, ainsi que l'épée le cérémonie (XVe siècle), le globe (1301), t un sabre du Xe siècle de facture persane, rné d'une tête de lion en cristal. Les 96 marches u Grand Escalier (photo) descendent à la porte es Lions mais vous continuerez vers la salle u Congrès, où se réunissait jusqu'en 1944 l'une es assemblées du Parlement, alors bicaméral.

Couronne d'Étienne Ier (saint Étienne)

ymbole de la nation hongroise, la double ouronne, avec sa croix penchée caractéristique, es pendants de chaque côté et ses émaux eprésentant les apôtres, date de la fin du .IIe siècle. Elle s'est volatilisée plusieurs fois u cours des siècles, réapparaissant à chaque ɔis. Après la Seconde Guerre mondiale, elle fut ansférée à Fort Knox, dans le Kentucky, puis endue à la Hongrie en 1978.

★ À savoir

- Vous pouvez participer à l'une des visites de 45 minutes, proposées en huit langues (11h et 13h30 tlj pour le français). Réservez en ligne via **Jegymester** (www.jegymester.hu).
- Il n'y a pas de visite guidée en période de session parlementaire et lors des jours fériés.
- Des gardes sont en service 24h/24 dans la salle de la Coupole ; la relève de la garde à l'extérieur a lieu toutes les heures de 8h à 19h (plus tôt en hiver).

Une petite pause ?

Envie de goûter de la saucisse ou du salami 100% hongrois ? **Pick Deli & Gourmet** (1-331 7783 ; www.pickdeligourmet.hu ; V Kossuth Lajos tér 9 ; plats 990-2 390 Ft ; 7h-17h lun-ven), qui vend la plus fameuse charcuterie du pays, permet de manger sur place dans une salle remise à neuf, en face du Parlement.

Les incontournables

Basilique Saint-Étienne

La basilique Saint-Étienne est l'église catholique la plus importante de Hongrie, parce qu'elle renferme la relique la plus vénérée du pays : la main droite momifiée d'Étienne Ier, premier roi du pays (997-1038), canonisé en 1081. Sa construction dura plus d'un siècle, jusqu'en 1905. Le dôme s'étant effondré en 1868, la structure fut rebâtie dans un style néo-Renaissance par Miklós Ybl, l'architecte de l'Opéra.

PLAN P. 98, C7

Szent István Bazilika

bazilika.biz

V Szent István tér

don requis 200 Ft

9h-19h lun-sam, 7h45-19h dim

M M3 Arany János utca

Coupole

La façade de l'église est encadrée par deux **clochers**, dont l'un abrite une cloche lourde de 9,25 tonnes. Au-dessus de ces tours, la **coupole** (Panoráma kilátó ; ☎1-269 1849 ; www.basilica.hu ; V Szent István tér ; adulte/enfant 600/400 Ft ; ⏲10h-18h30 juin-sept, 10h-17h30 avr, mai et oct, 10h-16h30 nov-mars ; Ⓜ M3 Arany János utca), culmine à 96 m. Une terrasse offre une vue sublime sur la ville. On la rejoint soit par un ascenseur et une quarantaine de marches, soit par un escalier de 302 marches.

Décoration intérieure

À l'exception des **mosaïques** dorées de Károly Lotz (artiste majeur du début du XXe siècle) qui tapissent le dôme, l'intérieur de la basilique est plutôt sombre et austère. Parmi les œuvres remarquables qu'elle recèle figure la statue par Alajos Stróbl du roi et saint sur le maître-autel et, à droite, le tableau de Gyula Benczúr dépeignant saint Étienne confiant la Hongrie à la Vierge Marie et l'Enfant Jésus.

Chapelle de la Sainte-Dextre

Elle renferme la main droite momifiée de saint Étienne (dont l'authenticité n'a pu être attestée). La relique fut renvoyée en Hongrie par l'impératrice Marie-Thérèse, en 1771, après avoir été découverte dans un monastère en Bosnie. Dérobée par les fascistes à la fin de la seconde Guerre mondiale, elle fut rapidement restituée. En cours de rénovation, cette chapelle ne devrait pas rouvrir avant 2020.

Trésor

À droite en entrant dans la basilique, un petit ascenseur vous conduit au trésor du deuxième étage, qui renferme des objets ecclésiastiques : encensoir, calice, ciboires... Ne manquez pas le double ostensoir Art déco (1938).

★ À savoir

- Des concerts d'orgue (tarif plein/étudiant à partir de 6 000/5 200 Ft) se tiennent à 20h, généralement le mardi et le jeudi toute l'année.
- Des visites guidées payantes ont lieu plusieurs fois par jour en anglais et en français tous les jours entre 10h et 15h (il faut réserver).

✕ Une petite pause ?

Café Kör (☎1-311 0053 ; www.facebook.com/cafekorrestaurant ; V Sas utca 17 ; plats 2 680-4 990 Ft ; ⏲11h30-22h lun-sam, jusqu'à 16h dim ; 🚌15, 115), à quelques minutes de la basilique, est une adresse agréable pour le déjeuner.

Pour un repas rapide et bon marché, allez manger une tartine garnie à **Duran** (☎1-332 9348 ; www.duran.hu ; V Október 6 utca 15 ; tartines 375-955 Ft ; ⏲8h-17h lun-ven, 9h-13h sam ; 🚌15).

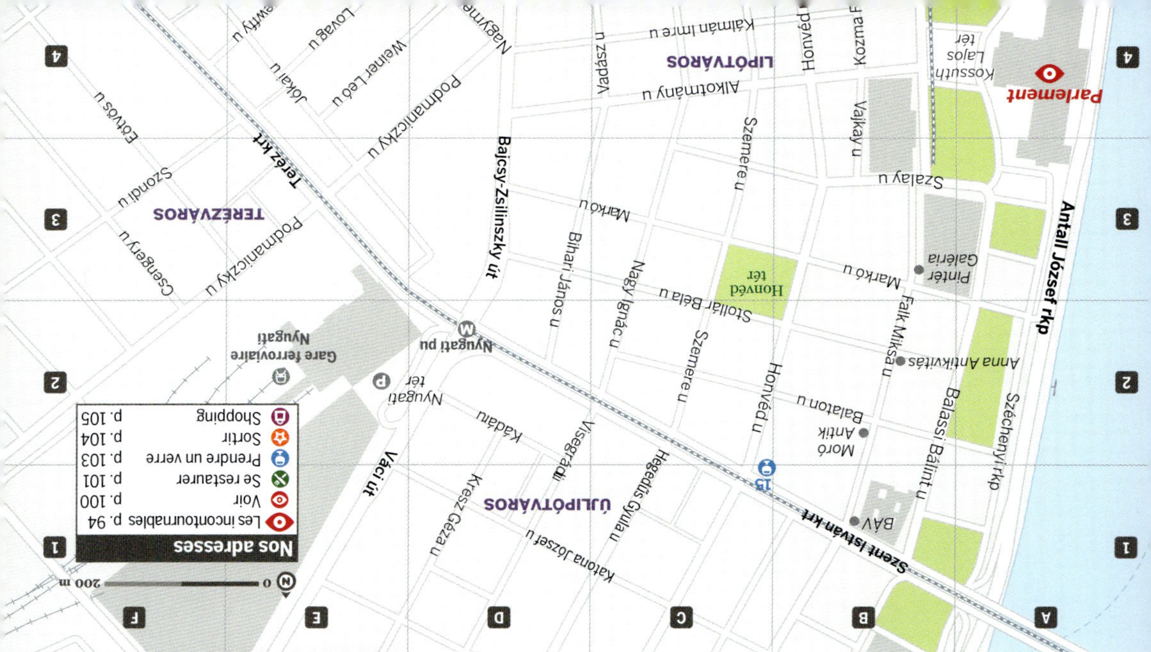
Nos adresses
Les incontournables p. 94
Voir p. 100
Se restaurer p. 101
Prendre un verre p. 103
Sortir p. 104
Shopping p. 105
0
200 m
A
B
C
D
E
F
1
2
3
4
Parlement
Kossuth Lajos tér
Antall József rkp
Széchenyi rkp
Szent István krt
Balassi Bálint u
Anna Antikvitás
Falk Miksa u
Pintér Galéria
Márkó u
Szalay u
Vajkay u
Kozma F
Honvéd
Kálmán Imre u
LIPÓTVÁROS
Alkotmány u
Vadász u
BÁV
Moró Antik
Balaton u
Honvéd u
Honvéd tér
Stollár Béla u
Szemere u
Nagy Ignác u
Bihari János u
Bajcsy-Zsilinszky út
Hegedüs Gyula u
Visegrádi
ÚJLIPÓTVÁROS
Katona József u
Kresz Géza u
Kádár u
Váci út
Nyugati tér
Nyugati pu
Gare ferroviaire Nyugati
Podmaniczky u
Teréz krt
TERÉZVÁROS
Csengery u
Szondi u
Eötvös u
Jókai u
Weiner Leó u
Lovag u
Nagyme
15

A
B
C
D
E
F
5
6
7
8
Basilique Saint-Étienne
Opéra national hongrois
Place de la Liberté (Szabadság tér)
Ancienne Caisse d'épargne de la Poste royale
Banque nationale de Hongrie
Maison de la Sécession hongroise
ont des Chaînes Széchenyi
ERZSÉBETVÁROS
Andrássy út
Bajcsy-Zsilinszky út
József Attila u
Antall József rkp
Széchenyi rkp
Széchenyi István tér
Erzsébet tér
József nádor tér
Eötvös tér
Hild tér
Kossuth Lajos tér
Liszt Ferenc tér
Podmaniczky Frigyes tér
Arany János utca
Opera
Hercegprímás u
Október 6 u
Sas u
Nádor u
Zrínyi u
Mérleg u
Vigyázó Ferenc u
Arany János u
Széchenyi u
Steindl Imre u
Akadémia u
Garibaldi u
Zoltán u
Perczel M u
Nagysándor J u
Vadász u
Hold u
Aulich u
Vécsey u
Bank u
Zichy Jenő u
Dessewffy u
Hajós u
Nagymező u
Ó u
Lázár u
Dalszínház u
Révay u
Paulay Ede u
Király u
Nagy Diófa u
1
2
3
4
5
7
8
9
10
11
12
13
14
16
17
18
19
20

Voir

Opéra national hongrois

ÉDIFICE REMARQUABLE

1 PLAN P. 98, E6

Conçu par Miklós Ybl en 1884, ce bâtiment néo-Renaissance fait partie des édifices les plus élégants de la capitale. Les statues de muses et de grands compositeurs d'opéras, tels Puccini, Mozart, Liszt et Verdi, occupent des niches en façade. L'intérieur éblouit par ses colonnes en marbre, ses voûtes dorées au plafond et ses lustres, sans oublier son acoustique quasi parfaite. Si vous ne pouvez assister à un opéra, participez à l'une des trois visites de 45 minutes quotidiennes. Les billets sont disponibles au comptoir dans le hall. (Magyar Állami Operaház ; 06 30 279 5677, 1-332 8197 ; www.opera.hu ; VI Andrássy út 22 ; tarif plein/réduit 2 490/2 200 Ft ; visites en français tlj 15h et 16h ; M M1 Opera)

Ancienne Caisse d'épargne de la Poste royale

ÉDIFICE REMARQUABLE

2 PLAN P. 98, C5

À l'est de Szabadság tér, ce chef-d'œuvre de la Sécession hongroise fut construit en 1901 par Ödön Lechner (p. 89) dans un style exubérant, mêlant arabesques, motifs floraux et, festonnant le toit, têtes d'anges et de dragons sculptées. Le bâtiment ne se visite pas mais on peut entrer dans le hall. L'un des plus beaux édifices de Pest, il fait désormais partie de la Banque nationale de Hongrie. (V Hold utca 4 ; 15)

Place de la Liberté

PLACE

3 PLAN P. 98, B6

La Szabadság tér, l'une des plus grandes places de Budapest, est à quelques minutes au nord-est de Széchenyi István tér. En y arrivant, vous passerez devant une fontaine qui se déclenche grâce à des capteurs optiques et devant le controversé **monument antifasciste** (Antifasiszta emlékmű ; V Szabadság tér ; 15, 115, M M2 Kossuth Lajos tér) érigé en 2014. À l'extrémité nord de la place se dresse le **monument à l'Armée soviétique** (Szovjet hadsereg emlékműve ; V Szabadság tér ; M M2 Kossuth Lajos tér), le dernier du genre à Budapest. (Szabadság tér ; 15, M M2 Kossuth Lajos tér)

Banque nationale de Hongrie

ÉDIFICE REMARQUABLE

4 PLAN P. 98, C6

Au sud-est de Szabadság tér se tiennent certains des plus beaux bâtiments de Pest, dont la Banque nationale de Hongrie. La façade est ornée de bas-reliefs illustrant le commerce à travers les âges : caravaniers arabes, marchands de tapis africains, agriculteurs égyptiens, vendeurs de thé chinois, sans oublier les inévitables notaires attestant les contrats. (Magyar Nemzeti Bank ; V Szabadság tér 9 ; 15, 115)

**ont des Chaînes
zéchenyi** PONT

PLAN P. 98, A8

articulièrement féerique la uit lorsqu'il s'illumine, le plus eau et plus ancien pont de udapest porte le nom de celui ui en conçut le projet, István zéchenyi. Sa construction fut onfiée à l'Écossais Adam Clark, un des rares étrangers à figurer u panthéon des héros nationaux. Széchenyi lánchíd ; 16, 105, 2, 9, 41)

laison de la Sécession ongroise MUSÉE

PLAN P. 98, B4

otée d'une façade tout en ourbes florales, cette élégante naison bourgeoise de 1903 est devenue un petit musée de l'Art nouveau hongrois (p. 89). La finesse de la décoration intérieure (huisseries de cuivre, fenêtres en forme d'éventail) illustre l'apogée de ce style. (269 4622 ; www.magyarszecessziohaza.hu ; Honvéd utca, 3 ; tarif plein/réduit 2 000/1 500 Ft ; lun-sam 10h-17h ; M M2 Kossuth Lajos tér)

Se restaurer

Pizzica PIZZA €

7 PLAN P. 98, E5

S'il existe une meilleure pizzéria que celle-ci à Budapest, nous ne l'avons pas trouvée. Tenu par deux Italiens, Paolo et Enrico, ce restaurant sert des pizzas authentiques, avec des garnitures comme pomme de terre-sauge-

ont des Chaînes Széchenyi

mortadelle. La salle est exiguë mais il y a des tables dans la galerie d'art, à l'étage. (06 30 993 5481 ; www.facebook.com/pizzicapizza ; VI Nagymező utca 21 ; part de pizza 290-490 Ft, pizza pour deux 1 690 Ft ; 11h-minuit lun-jeu, 11h-3h ven et sam ; M M1 Oktogon)

Kispiac

HONGROIS €€

8 PLAN P. 98, C5

Ce petit établissement rétro sert de copieuses portions de spécialités comme le délicieux *csülök* (pied de porc farci, 2 950 Ft), le *malac* (porcelet rôti, 3 250 Ft) et les côtelettes de sanglier (3 950 Ft), ainsi qu'une infinie variété de *savanyúság* (légumes en saumure). Excellente carte des vins et accueil chaleureux. (06 30 430 0142, 1-269 4231 ; www.facebook.com/Kispiac ; V Hold utca 13 ; plats 2 250-5 950 Ft ; 12h-22h mar-sam ; M M3 Arany János utca)

Pesti Disznó Bisztró

HONGROIS €€

9 PLAN P. 98, F6

On pourrait croire que le "Cochon de Pest" ne sert que du porc. En réalité, plus de la moitié des dix plats qu'il propose sont à base de bœuf, volaille, de poisson ou de légumes. Ce lieu enchanteur aux allures de loft est pourvu de hautes tables, d'une remarquable carte des vins (la plupart proposés au verre) et le personnel est charmant et compétent. (1-951 4061 ; www.pestidiszno.hu ; VI Nagymező utca 19 ; plats 2 790-6 690 Ft ; 9h-minuit ; M M1 Oktogon)

bigfish

PRODUITS DE LA MER €€

10 PLAN P. 98, F5

Choisissez votre poisson ou vos fruits de mer, précisez la garniture et la méthode de cuisson, puis attendez qu'on vous apporte le tout. Ce restaurant au décor sans chichis possède de nombreuses tables à l'intérieur et d'autres sur la terrasse, dans Andrássy út. Bavoirs disponibles si vous avez peur de vous salir. (06 30 527 2076, 1-269 0693 ; www.thebigfish.hu ; VI Andrássy út 44 ; poisson au prix du marché, garniture 770-1 200 Ft, autres plats 3 400-4 300 Ft ; 12h-22h ; M M1 Oktogon)

Borkonyha

HONGROIS €€€

11 PLAN P. 98, C8

Dans ce restaurant étoilé au Michelin, où le menu change presque chaque semaine, le chef Ákos Sárközi adopte une approche contemporaine de la cuisine hongroise. Si le *mangalica* (porc laineux hongrois) figure à la carte, savourez-le avec un verre de *furmint* sec. (1-266 0835 ; www.borkonyha.hu ; V Sas utca 3 ; plats 4 150-7 550 Ft ; 11h-19h mer-dim ; 15, 115, M M1 Bajcsy-Zsilinszky út)

Mák Bisztró

INTERNATIONAL €€

12 PLAN P. 98, B7

Le "Pavot" est un restaurant primé qui affiche chaque jour à 'ardoise des plats internationaux créatifs d'influence hongroise. Le cadre est informel, le service impeccable et amical, et de bons conseils sont donnés sur le vin. Au déjeuner, le menu de 2/3 plats ne coûte que 3 900/4 500 Ft. (☎06 30 723 9383 ; www.mak.hu ; V Vigyázó Ferenc utca 4 ; plats 5 800-6 800 Ft ; 🕑18h-22h jeu et ven, 12h-22h sam, jusqu'à 21h dim ; 🚌15, 115, 🚎2)

Prendre un verre

High Note Roof Bar

BAR PERCHÉ

13 PLAN P. 98, C8

Si vous voulez impressionner quelqu'un, emmenez-le dans ce bar sur le toit de l'**Aria Hotel** (☎1-445 4055 ; www.ariahotelbudapest.com ; V Hercegprímás utca 5 ; d/ste à partir de 320/640 € ; P ❄ 📶 ; 🚌15,115, M M1 Bajcsy-Zsilinszky út). Le nez sur le dôme de la basilique, vous aurez l'impression de pouvoir presque toucher tous les monuments de Budapest : à couper le souffle ! Excellents cocktails et personnel charmant. Pensez à réserver. (☎06 20 438 8648 ; www.highnoteskybar.hu/en ; V Hercegprímás utca 5 ; 🕑16h-minuit lun-ven, 14h-minuit sam et dim ; 🚌15, 115, M M1 Bajcsy-Zsilinszky út)

DiVino Borbár

BAR À VINS

14 PLAN P. 98, C7

Central et toujours animé, le DiVino est le bar à vins le plus populaire de Budapest : l'été, sa clientèle déborde sur la place devant la basilique Saint-Étienne. Faites votre choix parmi

Saumon à la crème et épinards

une sélection de 120 types de vins, produits par une trentaine d'exploitants, mais méfiez-vous : un verre de 15 cl (à partir de 850 Ft) est vite bu. Caution pour le verre 500 Ft. (06 70 935 3980 ; www.divinoborbar.hu ; V Szent István tér 3 ; 16h-minuit dim-mer, 16h-2h jeu-sam ; M M1 Bajcsy-Zsilinszky út)

Morrison's 2

DISCOTHÈQUE

15 PLAN P. 98, C1

De loin la plus grande de Budapest, cette discothèque attire une clientèle jeune avec six pistes de danse et autant de bars (notamment un dans une cour couverte et un autre avec babyfoot). Très bons DJ. L'entrée est gratuite. (1-374 3329 ; www.morrisons2.hu ; V Szent István körút 11 ; 17h-5h ; 4, 6)

"Jardins" et bars de ruines

Impossible de venir à Budapest l'été sans faire un tour dans un *kertek* (littéralement "jardin", terme qui désigne en réalité tout espace en plein air converti en bar). Apparaissant et disparaissant d'une année sur l'autre, ces endroits souvent rudimentaires, cours, toits ou *romkocsmák* (bars de ruines), s'installent dans des bâtiments abandonnés et ne fonctionnent que par beau temps, même si les plus populaires, comme le **Szimpla Kert** (p. 129), sont désormais ouverts toute l'année.

Alterego

GAY

16 PLAN P. 98, E5

L'Alterego reste le premier club gay de Budapest, avec une clientèle branchée et le meilleur de la *dance*. Ne manquez pas les spectacles de drag-queens de Lady Dömper et l'Alterego Trans Company. On ne s'y ennuie jamais (06 70 345 4302, 06 70 565 1111 ; www.alteregoclub.hu ; VI Dessewffy utca 33 ; 22h-5h ven, 22h-6h sam ; 4, 6)

Sortir

Centre culturel Aranytíz

MUSIQUE TRADITIONNELLE

17 PLAN P. 98, B6

Ce centre culturel de Lipótváros organise de formidables *táncház* (musique et danse folkloriques) le samedi de 20h à minuit environ. Avec des enfants, venez plus tôt (vers 18h). Plus de détails sur le site Web. (Aranytíz Kultúrház ; 1-354 3400 ; www.aranytiz.hu ; V Arany János utca 10 ; adulte/enfant 1 000/500 Ft ; billetterie 15h-21h lun et mer, 9h-15h sam ; 15, 115, 2)

Théâtre d'opérette de Budapest

OPÉRA

18 PLAN P. 98, F6

Les opérettes jouées ici sont souvent très drôles, en particulier *Princesse Czardas* d'Emmerich

À la pêche aux antiquités

Pour flâner quelques heures le samedi matin, l'une de nos rues préférées est V Falk Miksa utca, bordée de boutiques d'antiquités et de bibelots. Commencez par **BÁV** (Bizományi Kereskedőház és Záloghitel ; plan p. 98, B1 ; 06 20 777 2583, 1-473 0666 ; www.bav-art.hu ; XIII Szent István körút 3 ; 10h-18h lun-ven, 10h-14h sam ; 2, 4, 6), à l'extrémité nord, pour voir ce que les Budapestois jettent lors du grand nettoyage de printemps, puis suivez la rue vers le sud en passant par **Moró Antik** (plan p. 98, B2 ; 1-311 0814 ; www.moroantik.hu ; V Falk Miksa utca 13 ; 10h-18h lun-ven ; 2, 4, 6) et **Anna Antikvitás** (plan p. 98, B2 ; 06 20 935 0374, 1-302 5461 ; www.annaantikvitas.eu ; V Falk Miksa utca 18-20 ; 10h-18h lun-ven, 10h-13h sam ; 2, 4, 6), et finissez par l'immense **Pintér Galéria** (plan p. 98, B3 ; 06 30 331 0600, 1-311 3030 ; www.pinteraukcioshaz.hu ; V Falk Miksa utca 10 ; 10h-18h lun-ven, 10h-14h sam ; 2, 4, 6).

álmán ou *La Veuve joyeuse* de ranz Lehár, avec leur mise en cène et leurs costumes délirants. ne statue en bronze de Kálmán e tient à l'entrée principale. Budapesti Operettszínház ; 1-472 030, billetterie 1-312 4866 ; www.perettszinhaz.hu ; VI Nagymező tca 17 ; 1 800-14 500 Ft; billetterie 0h-18h lun-ven, 13h-18h sam et dim ; trolleybus 70, 78, M M1 Opera)

Shopping

Memories of Hungary

ART ET ARTISANAT

9 PLAN P. 98, C8

'une de nos adresses préférées our acheter des souvenirs. Cette boutique sélectionne de artisanat hongrois (généralement uthentique), ainsi que des aliments et des vins locaux. C'est aussi un bon endroit pour se renseigner sur la ville. (06 30 732 6511, 1-780 5844 ; www.memoriesofhungary.hu ; V Hercegprímás utca 8 ; 12h-19h lun-ven, 10h-19h sam et dim ; 15, 115, M M1 Bajcsy-Zsilinszky út, M3 Arany János utca)

Malatinszky Wine Store

VIN

20 PLAN P. 98, B8

Tenue par un ex-sommelier du restaurant Gundel, cette boutique propose une très belle sélection de vins hongrois haut de gamme, dont trois issus de ses propres vignobles bio. Faites-vous conseiller par les vendeurs. (1-317 5919 ; www.malatinszky.hu ; V József Attila utca 12 ; 10h-18h lun-ven ; 16, 105, M M1/2/3 Deák Ferenc tér, 2)

MARGIT ZIGETI SZABADTÉR SZÍNPAD
MARGIT
TERASZ • TERRACE
ÉTTEREM • RESTAURANT

Explorer

Île Marguerite et nord de Pest

La verdoyante île Marguerite (Margitsziget) n'est située ni à Buda ni à Pest. Elle s'étend sur 2,5 km au milieu du Danube. Elle abrite peu de sites majeurs, mais vous y passerez une agréable demi-journée à explorer ses centres aquatiques, ses thermes, ses jardins et ses ruines centenaires. En face, sur la rive gauche, les rues arborées d'Újlipótváros (Nouvelle Léopold-Ville) sont idéales pour une pause déjeuner ou café.

Notre sélection

- ***Palatinus Strand (p. 109)*** *Baignez-vous toute l'année dans l'un des meilleurs centres aquatiques de Budapest.*
- ***Couvent dominicain (p. 109)*** *Revivez le passé médiéval de la ville dans ces ruines sur l'île Marguerite.*
- ***Musée du Flipper (p. 110)*** *Imitez Elton John dans le film Tommy en jouant sur l'un des 140 vieux billards électriques.*

Comment y aller et circuler

Tram : Les deux quartiers sont desservis par les lignes 4 et 6. La ligne 2 relie Belváros à XIII Jászai Mari tér.

Bus : Le n°26 parcourt l'île Marguerite sur toute sa longueur. Il circule entre la gare ferroviaire Nyugati, à Pest, jusqu'au pont Árpád. Le quartier d'Újlipótváros est desservi par la ligne 15.

Trolleybus : Les lignes 75 et 76 sont parfaites pour gagner Újlipótváros.

M : La ligne 3 est la plus pratique pour rallier la partie est d'Újlipótváros (station Nyugati pályaudvar).

Plan de l'île Marguerite et du nord de Pest p. 108

Château d'eau et théâtre de plein air (p. 110) UNGVARI ATTILA / SHUTTERSTOCK ©

Nos adresses
Voir p. 10
Se restaurer p. 11
Prendre un verre p. 112
Sortir p. 113
Shopping p. 113
A
B
C
D
1
2
3
4
5
6
Tímár u
Jardin japonais
Bringóhintó
Árpád fejedelem út
ÚJLAK
Église des Prémontrés
6
Château d'eau et théâtre de plein air 5
3 Palatinus Strand
2 Couvent dominicain
Szépvölgyi út
Danube
Slachta Margit rkp
Hajós Alfréd sétány
Île Marguerite (Margit-sziget)
Népfürdő u
Viza u
VÍZAFOGÓ
Révész u
Dráva u
Carl Lutz rkp
Kárpát u
Lászió u
Hegedűs Gyula u
Vág u
Tutaj u
Bessenyei u
Garam u
Gogol u
Visegrádi u
Ipoly u
Thurzó u
Röntgen u
Váci út
Hollán Ernő u
13
9
Szent István Park
Pozsonyi út
Tátra u
Pannónia u
Victor Hugó u
8
Csanády u
Lehel
Lehel tér
10
14
Radnóti Miklós u
ÚJLIPÓTVÁROS
Margit híd
Pont Marguerite
1
Katona József u
12
Balzac u
15
11
4
Musée du Flipper
Jászai Mari tér
17
16
Tátra u
Visegrádi u
Kresz Géza u
Váci út
Angelo Rotta rkp
Antall József rkp
Szent István krt
Nyugati Pályaudvar
7
Balaton u
Kádár u
LIPÓTVÁROS
Nyugati tér
0
500 m
Nyugati pu
Gare ferroviaire Nyugati
Podmaniczky
A
B
C
D

/oir

'ont Marguerite PONT

PLAN P. 108, A5

:onstruit par l'ingénieur français rnest Gouin en 1876, le pont 1arguerite, rénové, fut doté d'un ccès à l'île en 1901. Sa forme est nique : il est en effet constitué e deux bras qui se rejoignent un angle de 150° à l'extrémité ud de l'île Marguerite. (Margit híd ;]26, 226, 2, 4, 6)

:ouvent dominicain RUINES

PLAN P. 108, C2

ne reste que des ruines du ɔuvent construit par le roi Béla IV ɹ XIIIe siècle où Marguerite .242-1271), sa fille, prit le voile. ne sépulture en marbre rouge, entourée d'une grille en fer forgé, indique l'emplacement originel de sa tombe. Un point de vue surplombe les ruines. (Domonkos kolostor ; XIII Margit-sziget ; 26, 226)

Palatinus Strand BAIGNADE

3 PLAN P. 108, B2

Désormais ouvert toute l'année grâce à l'ajout de 4 bassins couverts, ce centre aquatique est le plus grand de la ville, avec une dizaine de piscines (dont deux alimentées par une eau thermale), des machines à vagues, des toboggans et des pataugeoires. (1-340 4500 ; www.palatinusstrand.hu ; XIII Margit-sziget ; adulte/enfant lun-ven 3 200/2 500 Ft, sam et dim 3 600/3 000 Ft ; 9h-19h ; 26)

ılatinus Strand

Marguerite et les Mongols

La plus fameuse résidente de l'île reste bien sûr Marguerite (1242-1271), fille du roi Béla IV. Ce dernier se serait engagé à confier son enfant de neuf ans à un couvent si jamais les Mongols, qui avaient envahi la Hongrie en 1241-1242, en étaient chassés. Son vœu fut exaucé et sa promesse tenue. Pour autant, Marguerite s'accommoda fort bien de son sort (si l'on en croit l'ouvrage *Vie des saints*), pour ce qui est du moins de la mortification de la chair. Canonisée en 1943, Marguerite fait l'objet d'un culte en Hongrie.

Musée du Flipper — MUSÉE

4 PLAN P. 108, C5

Aménagé dans un sous-sol, ce musée possède 140 vieux flippers. On peut jouer sur n'importe lequel d'entre eux, sauf les modèles en bois, datant pour les plus anciens de 1947. Cette collection, la plus vaste de son genre en Europe, est très appréciée des amateurs et il y a toujours du monde. (Flippermúzeum ; 06 30 900 6091 ; www.flippermuzeum.hu ; XIII Radnóti Miklós utca 18 ; tarif plein/moins de 26 ans 3 500/2 500 Ft ; 16h-minuit mer-ven, 14h-minuit sam, 10h-22h dim ; 15, 115, trolleybus 75, 76)

Château d'eau et théâtre de plein air — ARCHITECTUR

5 PLAN P. 108, B2

Érigé en 1911 dans la partie centre-nord de l'île Marguerite, le château d'eau octogonal s'élève à 57 m au-dessus du **théâtre de plein air** (*szabadtéri színpad*), au sud, qui accueille des concerts et des représentations en été. Le château d'eau abrite la **galerie du Guet** (Kilátó Galéria) à laquelle on accède par un escalier de 152 marches. La vue à 360 degré est plaisante mais on aperçoit surtout les feuillages des arbres. (Margitszigeti Víztorony és Szabadtéri Színpad ; 1-301 0147, 1-340 4196 ; www.szabadter.hu ; XIII Margit-sziget ; galerie du Guet tarif plein/réduit 600/300 Ft ; galerie du Guet 11h-19h juin-sept ; 26, 226)

Église des Prémontrés — ÉGLIS

6 PLAN P. 108, C2

Dédiée à saint Michel par les chanoines prémontrés, cette église romane reconstruite en 1931 date à l'origine du XIIe siècle. Probablemen enterrée par des moines lors de l'invasion ottomane, la cloche du XVe siècle fit sa réapparition en 1914 lors d'une nuit de tempête, à la faveur de la chute d'un noyer. (Premontre templom ; XIII Margit-sziget 26, 226)

Nyugati Pályaudvar — GAI

7 PLAN P. 108, C5

Bel édifice aux fins piliers d'acier peints en bleu et aux larges errières, la gare de l'Ouest a été essinée par l'atelier de l'ingénieur ustave Eiffel en 1877. L'ancienne alle de restaurant abrite ésormais l'un des MacDonald's s plus chics de la planète. (M M3 yugati tér)

Se restaurer

riental Soup House VIETNAMIEN €

PLAN P. 108, C5

ien qu'éloigné du centre e Budapest, ce restaurant ietnamien authentique est ouvent bondé. Les clients 'installent autour des tables ommunes arrangées sous des nternes en papier pour savourer s différentes sortes de *pho* soupe de nouilles de riz), de *ien ga* (soupe de nouilles au oulet) ou de *bun cha* (nouilles u porc grillé). (06 70 617 3535 ; n.orientalsouphouse.com ; XIII Hollán rnő utca 35 ; plats 1 490-2 290 Ft ; 11h30-22h ; ; trolleybus 75, 5, 15, 115)

arki Fűszeres CAFÉ €

PLAN P. 108, C4

ans une rue bordée d'arbres, cet dorable café rétro doublé d'un aiteur/caviste est idéal pour un runch, un petit-déjeuner tardif u un sandwich. ("Épicerie du coin" ; 06 30 347 7037 ; www.sarkifuszeres. ; XIII Pozsonyi út 53-55 ; petit-déj 90-1 750 Ft, sandwichs 1 550-2 550 Ft ; 8h-18h lun, 8h-20h mar-jeu, n-21h ven, 9h-21h sam, 9h-15h dim ; trolleybus 75, 76, 15, 115)

Édesmindegy CAFÉ €

10 PLAN P. 108, B5

Probablement les meilleurs gâteaux et les plus originaux de Budapest dans ce *desszertbár*. Laissez-vous tenter par le cheesecake à la fraise et au poivre de Sichuan, la tarte au chocolat et au caramel salé, ou encore les excellentes *pasteis de nata* (petits flans portugais). (06 30 502 9358 ; www.edesmindegy.hu ; XIII Pozsonyi út 16 ; gâteaux 820-980 Ft ; 9h-20h dim-lun, 9h-22h mar-sam ; trolleybus 75, 76, 4, 6)

Babka MÉDITERRANÉEN €€

11 PLAN P. 108, B5

Son excellente cuisine, son personnel serviable et sa clientèle branchée ont fait de Babka le

L'île à deux-roues

Pour vous déplacer sur l'île Marguerite, plus étendue qu'il n'y paraît, vous pouvez louer un vélo ou tout autre véhicule à pédales chez **Bringóhintó** (plan p. 108, C1 ; 1-329 2073 ; www.bringohinto.hu ; XIII Margit-sziget ; VTT 30/60 minutes/journée 720/990/2 800 Ft, rosalie pour 4 pers 30/60 minutes 3 280/6 680 Ft ; 10h-19h30 ; 26, 226) situé au stand de rafraîchissements près du **jardin japonais** (Japánkert ; plan p. 108, C1 ; XIII Margit-sziget ; 26, 226), au nord de l'île.

L'île aux Lapins

Jadis appelée l'"île aux Lapins", l'île Marguerite a longtemps accueilli différents ordres monastiques. À l'arrivée des Ottomans, elle fut convertie en harem et interdite aux "infidèles". Elle est devenue un parc public depuis le milieu du XIXe siècle.

nouveau restaurant tendance du quartier d'Újlipótváros. Il se qualifie de "méditerranéen", mais le grand choix de plats de style mezze et le gâteau typique de Jérusalem dont il porte le nom, au chocolat, noix et orange, le placent un peu plus à l'est sur la carte. Le petit assortiment de mezzes à 4 200 Ft est d'un excellent rapport qualité/prix. (1-789 9672 ; babkabudapest.business.site ; XIII Pozsonyi út 3 ; plats 2 700-9 000 Ft ; 17h-23h lun, 11h-23h mar-mer et dim, 11h-minuit jeu-sam ; trolleybus 75, 76, 4, 6)

Firkász

HONGROIS €€

12 PLAN P. 108, C5

Créé par d'anciens journalistes, ce restaurant de style rétro est l'un de nos établissements favoris depuis des années. Vieux souvenirs aux murs, excellents plats traditionnels (comme la cuisse d'oie rôtie au vin rouge, 3 390 Ft, ou le sandre des Carpates, 4 490 Ft), bonne carte des vins et piano tous les soirs. (06 70 432 8050, 1-450 1118 ; www.firkasz.hu ; XIII Tátra utca 18 ; plats 3 500-7 990 Ft ; 11h30-2h ; 15, 115, 4, 6)

Dunapark

CAFÉ €

13 PLAN P. 108, C4

Donnant sur le parc Szent István, cet ancien cinéma Art déco (1938) possède une galerie en mezzanine et une terrasse extérieure. On s'y régale de ragoût de porc à la bière brune (4 600 Ft) et de raviolis au saumo (4 400 Ft), ou simplement d'un succulent gâteau (1 440 Ft). (1-786 1009 ; www.dunaparkkavehaz.hu ; XIII Pozsonyi út 38 et Szent István Park 27 ; plats 3 400-4 600 Ft; 9h-20h ; trolleybus 75, 76, 15, 115)

Prendre un verre

Raj Ráchel Tortaszalon

CAF

14 PLAN P. 108, C5

C'est sans doute le premier café-pâtisserie casher à avoir ouvert à Újlipótváros depuis la Seconde Guerre mondiale. On y trouve les classiques habituels, notamment le meilleur *flódni* (900 Ft) de la ville, un gâteau à 3 étages généralement fourré à la pomme, aux noix et aux graines de pavot mais auquel Ráchel ajoute ici la confiture aux prunes de sa grand-mère. ("Pâtisserie de Ráchel Raj" ; 1-787 6088, 06 20 492 7062 ; torta.hu ; XIII Hollán Ernő utca 25 ;

11h-19h lun-ven, 10h-19h sam et m ; trolleybus 75, 76, 15, 115)

A Bodegita
BAR À COCKTAILS

PLAN P. 108, B5

es cocktails à l'américaine u barman András Lajsz sont comparables ; le Cosmopolitan st excellent, tout comme la odeguita Colada. Musique omantique au piano certains oirs, rythmes cubains le week-nd. (06 20 945 6156, 1-789 4019 ; II Pozsonyi út 4 ; cocktails 1 400-900 Ft ; 11h-minuit lun-mer, h-2h jeu-sam, 11h-22h dim ; trolleybus 75, 76, 2, 4, 6)

Sortir

udapest azz Club
JAZZ

PLAN P. 108, B6

ans cette salle de concerts affinée, des talents hongrois t internationaux interprètent u jazz classique, du jazz vocal t du *latin jazz*. Concerts presque ous les soirs à 20h ou 20h30, vec bœuf à 22h ou 23h le endredi, le samedi et le lundi. 1-798 7289 ; www.bjc.hu ; XIII ollán Ernő utca 7 ; 10h30-minuit ar et mer, 10h30-2h jeu-sam, horaires ariables le dim ; trolleybus 75, 76, 15, 115)

RICHARD NEBESKY / LONELY PLANET ©

Steak et pommes de terre au Firkász

Shopping

Mézes Kuckó
CONFISERIE

17 PLAN P. 108, B6

Les biscuits aux noix et au miel (280 Ft/100 g) vous feront fondre de plaisir dans cette boutique microscopique (son nom signifie le "coin du miel"). Le *mézeskalács* (gâteau au miel) en forme de cœur est un petit cadeau facile à rapporter. On peut aussi acheter 4 sortes de miel. (06 20 344 5778 ; www.facebook.com/Mézes-Kuckó-Bt-382532878777794 ; XIII Jászai Mari tér 4 ; 9h-18h lun-sam, 9h-18h et 19h-20h dim ; 2, 4, 6)

Explorer

Erzsébetváros et le quartier juif

Ce secteur comprend Erzsébetváros ("Élisabeth-Ville") et une grande partie de Terézváros, traversé par l'avenue Andrássy, longue et très chic. Outre de très nombreux musées et monuments intéressants, c'est ici que se trouvent un large éventail d'hébergements, des restaurants variés et les lieux de sortie les plus animés de la ville.

Notre sélection

- ***Grande Synagogue (p. 116)*** *Émerveillez-vous devant l'architecture mauresque du plus grand lieu de culte juif d'Europe.*
- ***Académie de musique Franz Liszt (p. 124)*** *Assistez à un concert dans la plus belle salle de musique classique de la ville.*
- ***Andrássy út (p. 124)*** *Flânez le long de ce joli boulevard arboré, classé au patrimoine mondial de l'Unesco et bordé de boutiques et de beaux édifices.*

Comment y aller et circuler

M M1/2/3 Deák Ferenc tér, M1 Oktogon, M2/4 Blaha Lujza tér et Keleti pályaudvar, M2 Astoria.

Lignes 4 ou 6 à VII Erzsébet körút pour Buda ou le Grand Boulevard à Pest ; nos 47 et 49 pour l'ouest d'Erzsébetváros.

Ligne 74 à VII Wesselényi utca et Dohány utca pour le Petit Boulevard ou le bois de la Ville.

Plan d'Erzsébetváros et du quartier juif p. 122

Orgue de l'académie de musique Franz Liszt (p. 124) POSZTOS / SHUTTERSTOCK ©

Les incontournables

Grande Synagogue

En briques vernissées rouges et jaunes, et coiffée de deux tours à bulbe, c'est la plus grande synagogue au monde après celle de New York : elle peut accueillir 3 000 fidèles. Construite en 1859 et appartenant au courant néologue (non orthodoxe), elle réunit des éléments architecturaux de styles romantique et mauresque. L'édifice est aussi désigné sous le nom de synagogue de Dohány utca (Dohány utcai zsinagóga).

PLAN P. 122, B8

Nagy Zsinagóga

www.greatsynagogue.hu/gallery_syn.html

VII Dohány utca 2

tarif plein/réduit/famille avec le musée 4 000/3 000/9 000 Ft

M M2 Astoria, 47, 49

Rosace

Rappelant par certains aspects les églises chrétiennes – la rosace centrale arborant une inscription extraite du deuxième livre de Moïse –, cette synagogue est parfois qualifiée de "cathédrale israélite". Elle a été restaurée dans les années 1990, en grande partie grâce à des dons privés, dont 5 millions de dollars offerts par Estée Lauder, d'origine hongroise.

Décoration intérieure

Les sculptures de l'Arche d'Alliance ont été réalisées par l'architecte romantique hongrois Frigyes Feszl, à qui l'on doit aussi les fresques des murs et du plafond, aux formes géométriques multicolores. Franz Liszt et Camille Saint-Saëns se sont essayés aux grandes orgues de 1859, un instrument à 5 000 tuyaux.

Musée et archives juifs hongrois

Dans une annexe de la synagogue, le musée et les archives juifs hongrois (Magyar Zsidó Múzeum és Levéltár; www.milev.hu) possèdent de beaux objets liturgiques : coupes et boîtes à épices en argent du XVIIIe siècle, porte-Torah sertis de pierres précieuses, ravissants services de porcelaine pour Pessah (Pâque juive). On peut aussi y voir des stèles juives de Pannonie romaine datant du IIIe siècle découvertes en 1792 à Nagykanizsa, dans le sud-ouest de la Hongrie, et des manuscrits.

Mémorial de l'Holocauste

Dans le **parc commémoratif Raoul Wallenberg**, au nord de la synagogue, en face de VII Wesselényi utca 6, le mémorial de l'Holocauste, un "arbre de vie" réalisé par le sculpteur Imre Varga en 1991, se dresse au-dessus des fosses communes des victimes des nazis de 1944 à 1945. Dans le jardin planté de mûriers sont enterrés les 2 281 morts du ghetto (1944-1945).

★ À savoir

- Des visites guidées de 2 heures dans le quartier juif, les **Jewish Heritage Tours** (☎1-317 1377 ; www.ticket.info.hu ; V Zrínyi utca 5, Duna Palota ; M M1/2/3 Deák Ferenc tér, 47, 49), partent de la Grande Synagogue (10h dimanche-vendredi toute l'année et 14h lundi-jeudi de mars à octobre, tarif plein/étudiant 7 400/7 000 Ft).
- Une plaque sur la Grande Synagogue indique que Tivadar (Theodor) Herzl, père du sionisme, est né ici en 1860.
- Procurez-vous l'un des audioguides (gratuit) en 12 langues ; il y a peu d'explications dans le musée juif hongrois.

✕ Une petite pause ?

Köleves (p. 128) sert des spécialités juives non casher. Pour du sucré (casher), rendez-vous au Fröhlich Cukrászda (p. 126).

Promenade à pied

Le vieux quartier juif

Ce secteur d'Erzsébetváros qui s'étend entre le Petit et le Grand Boulevard a toujours été majoritairement occupé par la communauté juive. C'est ici, en 1944, que ses membres furent contraints de vivre derrière des palissades en bois durant l'occupation nazie. Les rues invitent à un voyage dans le temps.

La promenade

Départ VI Liszt Ferenc tér

Arrivée VII Dohány utca

Distance 1 km

Durée 1-2 heures

❶ Académie de musique Franz Liszt

Sur la place Liszt Ferenc tér bordée de restaurants et de cafés, jetez un œil à la superbe **académie de musique Franz Liszt** (p. 124) et promettez-vous d'y revenir pour un concert.

❷ Église Sainte-Thérèse

Suivez Király utca vers le sud-ouest en passant devant l'**église Saint-Thérèse** (1811), qui renferme un autel néoclassique dessiné par Mihály Pollack en 1822. Au n°47, juste en face, une maison néogothique de 1847 arbore une jolie fenêtre en encorbellement.

❸ Klauzál Tér

Tournez au sud-est dans Csányi utca et traversez Dob utca pour gagner Klauzál tér, cœur du vieux quartier juif, où semble encore flotter un air d'avant-guerre. La présence de la communauté juive est toujours prégnante dans les rues alentour, comme l'attestent les restaurants casher, la boucherie jouxtant la **synagogue orthodoxe** (p. 126) et le merveilleux café-pâtisserie **Fröhlich Cukrászda** (p. 126).

❹ Mémorial du ghetto

Prenez Holló utca et tournez à gauche. Si la porte du n°15 Király utca est ouverte, entrez dans la cour pour découvrir un fragment de 30 m de long du **mur du ghetto**, restauré en 2010. Sinon, jetez un coup d'œil par la fente dans la porte. Des lampes votives et des pierres ont été déposées devant le mur en hommage aux victimes de l'Holocauste.

❺ Gozsdu Udvar

La prochaine allée à gauche est un passage appelé **Gozsdu udvar** (1901). Principal point de chute des noctambules, il regroupe des bars, des cafés et des restaurants et vit le soir au rythme de la musique et de la fête.

❻ Monument à Carl Lutz

Au n°12 Dob utca, notez le **monument à Carl Lutz**, consul suisse qui, comme Raoul Wallenberg, procura de faux papiers à des Juifs en 1944. Il représente un ange déroulant un long pan de tissu vers une victime à terre.

❼ Art urbain

À deux pas, le long d'un parking, se trouvent deux grandes fresques. Celle de gauche (2013) célèbre le 60e anniversaire de la victoire de l'équipe de football de Hongrie, la "Golden Team", première équipe d'Europe continentale à battre l'Angleterre à Wembley (6-3). Celle de droite représente un Rubik's Cube géant, ce casse-tête inventé par le sculpteur et professeur d'architecture hongrois Ernő Rubik en 1974.

❽ Grande Synagogue

Revenez sur vos pas pour admirer la Grande Synagogue (p. 116), au bout de la rue.

Promenade à pied

Tournée des bars à Erzsébetváros

Lorsqu'on se promène un vendredi soir dans Király utca ou dans Gozsdu udvar, c'est comme si l'on côtoyait la planète tout entière. À force de jouer des coudes au milieu des touristes, on finit par se demander où sont passés les Budapestois. Pas d'inquiétude, ils ne sont pas loin : voici quelques adresses où les trouver.

Comment y aller

M M1 Oktogon, M1/2/3 Deák Ferenc tér

4, 6, 47, 49

70, 78

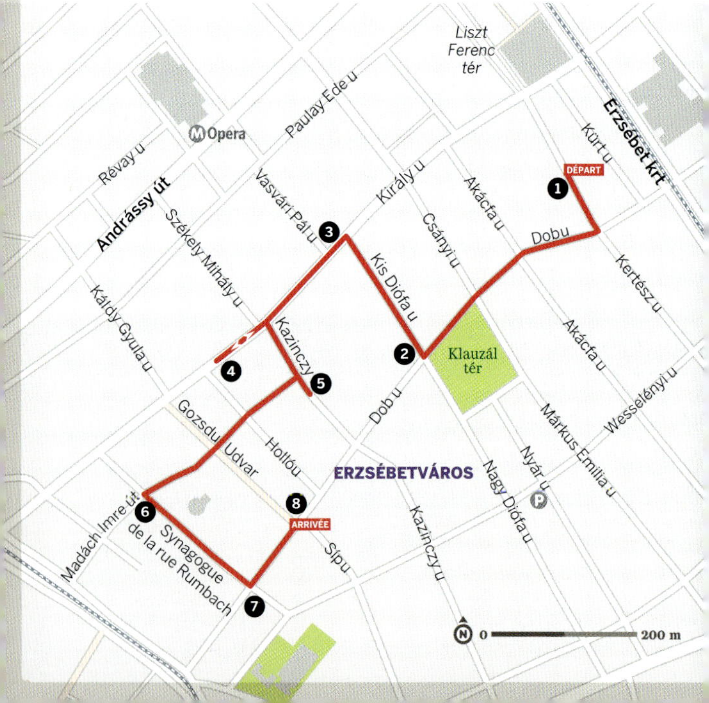

❶ Goûter une bière artisanale

Le **Csak a Jó Sör** (www.csakajosor.hu ; VII Kertész utca 42-44 ; ⌚14h-22h lun-sam ; Ⓜ M1 Oktogon, 🚋4, 6) ferme tôt : parfait pour commencer la soirée. Cette minuscule échoppe, dont le nom signifie "que de la bonne bière", aligne des étagères de bouteilles marron du monde entier.

❷ Découvrir un petit bar local

Rendez-vous au **Kisüzem** (www.facebook.com/Kisuzem ; VII Kis Diófa utca 2 ; ⌚12h-2h dim-mer, 12h-3h jeu-sam ; 📶 ; 🚌trolleybus 70, 78, 🚋4, 6), à quelques pas. Là, les clients bavardent sur des bancs installés dehors. Entrez pour prendre une autre bière ou une *pálinka* (eau-de-vie de fruits) et découvrir le concert de la soirée : jazz, folk ou musique expérimentale.

❸ Déguster du vin hongrois

Dans Király utca, très animée, le **Kadarka** (www.kadarkawinebar.com ; VII Király utca 42 ; ⌚16h-minuit ; 📶 ; Ⓜ M1 Opera), bar moderne et convivial, propose une longue carte de vins hongrois.

❹ Siroter un cocktail tropical

À une rue à l'ouest, le **Rumpus Tiki Bar** (rumpus.hu ; VII Király utca 19 ; ⌚11h-2h dim-mer, 11h-4h jeu-sam ; 🚌trolleybus 70, 78, Ⓜ M1/2/3 Deák Ferenc tér) plaira aux amateurs de bars tropicaux avec faux cocotiers, huttes en feuilles de palmier, idoles exotiques, mai tai et piña colada.

❺ Tester un bar en plein air

À quelques pas en direction du sud-est, le **Mika Tivadar Mulató** (www.mikativadarmulato.hu ; VII Kazinczy utca 47 ; ⌚16h-1h lun-mer, 16h-2h jeu, 16h-3h ven-sam ; Ⓜ M1/2/3 Deák Ferenc tér) abrite un bar au rez-de-chaussée, une salle de concert en sous-sol et une cour extérieure, parmi les meilleurs *romkert* (bars de ruines).

❻ Aller de bar en bar

Un peu plus loin, Madách Imre út fourmille de monde. Cette allée piétonne est jalonnée de bars, mais les habitants plébiscitent le **Központ** (www.facebook.com/kozpontbudapest ; VII Madách Imre út 5 ; ⌚11h-0h dim-mer, 11h-2h jeu-sam ; Ⓜ M1/2/3 Deák Ferenc tér).

❼ Manger des mezzes

Si vous avez un creux, descendez Rumbach Sebestyén utca jusqu'à **Dobrumba** (p. 127), où les mezzes sont parmi les meilleurs de la ville.

❽ Danser la salsa

Pour finir la soirée en beauté, retournez vers Gozsdu udvar. La salsa mène la danse à partir de 23h au bar-restaurant **Vicky Barcelona** (www.facebook.com/vickybarcelonatapas ; VII Gozsdu udvar, VII Dob utca 16 ; ⌚18h-4h dim-jeu, 18h-5h ven et sam ; Ⓜ M2 Astoria).

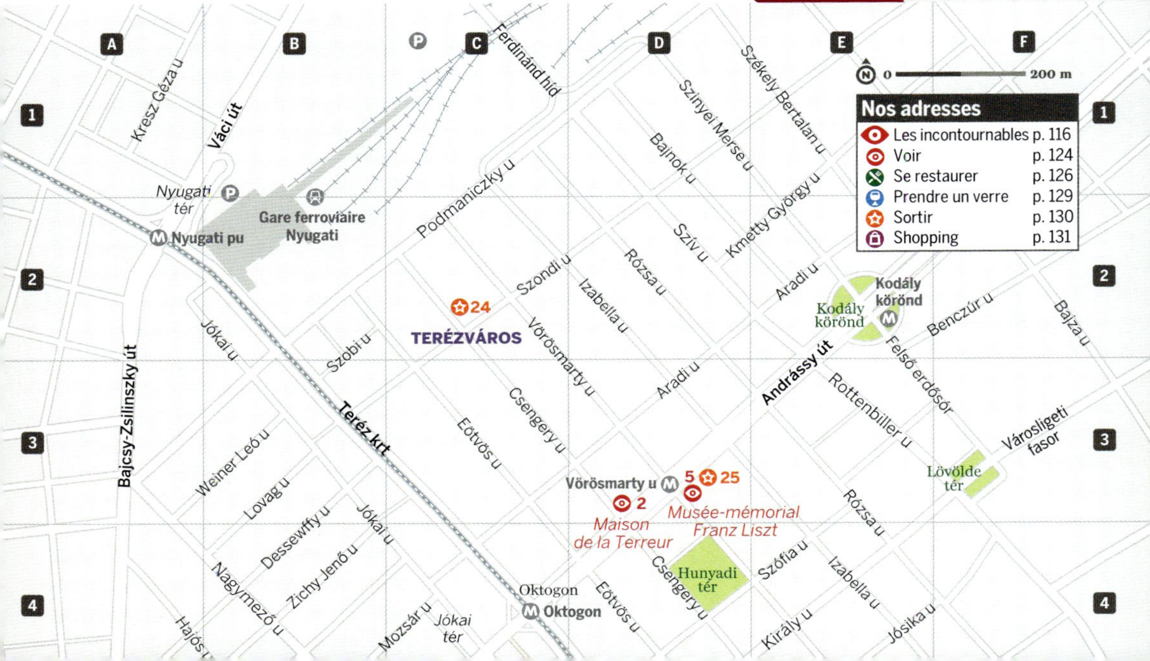
A
B
C
D
E
F
1
2
3
4
P
200 m
Nos adresses
Les incontournables p. 116
Voir p. 124
Se restaurer p. 126
Prendre un verre p. 129
Sortir p. 130
Shopping p. 131
Kresz Géza u
Váci út
Ferdinánd híd
Székely Bertalan u
Szinyei Merse u
Bajnok u
Nyugati tér
Gare ferroviaire Nyugati
Nyugati pu
Podmaniczky u
Kmetty György u
Szív u
Rózsa u
Szondi u
Izabella u
Aradi u
Kodály körönd
Benczúr u
Bajza u
24
TERÉZVÁROS
Vörösmarty u
Jókai u
Szobi u
Andrássy út
Felső erdősor
Rottenbiller u
Bajcsy-Zsilinszky út
Teréz krt
Eötvös u
Csengery u
Városligeti fasor
Lövölde tér
Weiner Leó u
Lovag u
Dessewffy u
Zichy Jenő u
Nagymező u
Hajós u
Mozsár u
Jókai tér
Oktogon
5
25
2
Musée-mémorial Franz Liszt
Maison de la Terreur
Hunyadi tér
Szófia u
Király u
Jósika u

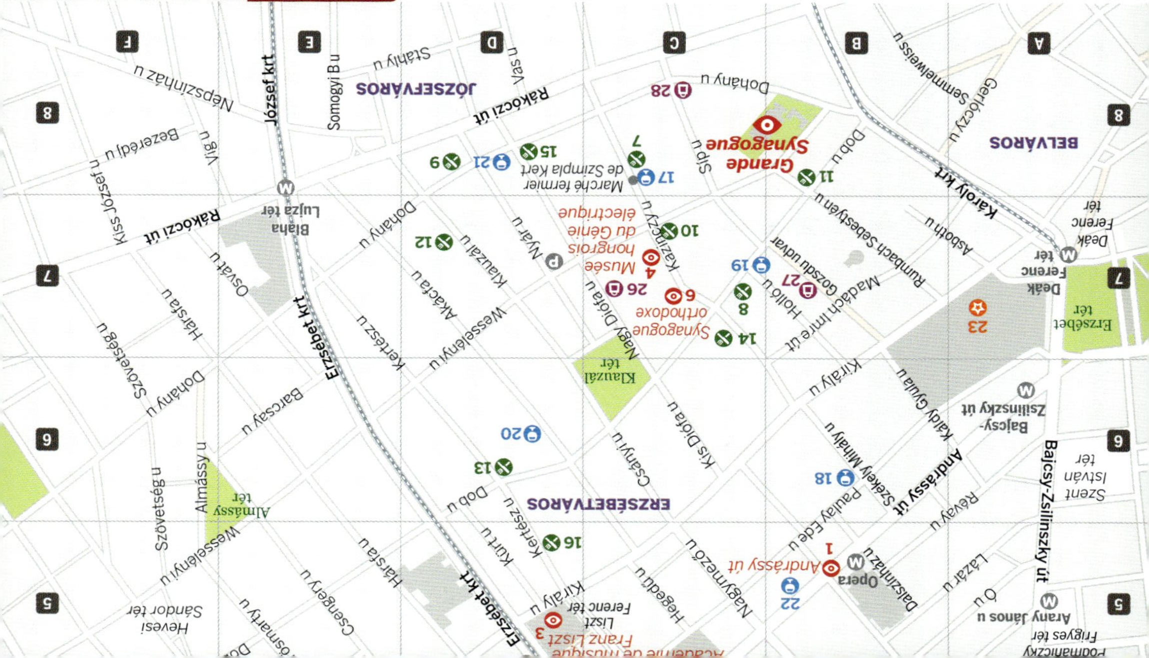
A
B
C
D
E
F
5
6
7
8
ERZSÉBETVÁROS
JÓZSEFVÁROS
BELVÁROS
Erzsébet krt
József krt
Károly krt
Rákóczi út
Andrássy út
Bajcsy-Zsilinszky út
Bajcsy-Zsilinszky út
Blaha Lujza tér
Deák Ferenc tér
Erzsébet tér
Szent István tér
Arany János u
Podmaniczky Frigyes tér
Hevesi Sándor tér
Liszt Ferenc tér
Almássy tér
Klauzál tér
Opera
Dalszínház u
Andrássy út
1
Académie de musique Franz Liszt
3
Synagogue orthodoxe
6
Musée hongrois du Génie électrique
4
Grande Synagogue
Marché fermier de Szimpla Kert
7
8
9
10
11
12
13
14
15
16
17
18
19
20
21
22
23
26
27
28
Gozsdu udvar
Szövetség u
Wesselényi u
Almássy u
Dohány u
Barcsay u
Csengery u
Hársfa u
Kürt u
Kertész u
Dob u
Király u
Hegedű u
Nagymező u
Paulay Ede u
Székely Mihály u
Káldy Gyula u
Révay u
Lázár u
Ó u
Csányi u
Kis Diófa u
Nagy Diófa u
Kazinczy u
Holló u
Madách Imre út
Rumbach Sebestyén u
Asboth u
Síp u
Nyár u
Klauzál u
Akácfa u
Osvát u
Kiss József u
Bezerédj u
Vig u
Népszínház u
Somogyi B u
Stáhly u
Vas u
Semmelweiss u
Gerlóczy u

Voir

Andrássy Út

ARCHITECTURE

1 PLAN P. 122, B5

Andrássy út, qui commence à quelques pas au nord-est de Deák Ferenc tér, s'étire sur 2,5 km jusqu'à la place des Héros (Hősök tere ; p. 147) et au vaste bois de la Ville (Városliget ; p. 147). Pour découvrir ce boulevard arboré, inscrit au patrimoine mondial par l'Unesco depuis 2002 pour la richesse architecturale de ses édifices, offrez-vous une longue promenade depuis l'Opéra national hongrois (p. 100) jusqu'au parc. (M M1 Opera)

Maison de la Terreur

MUSÉE

2 PLAN P. 122, D3

Cet impressionnant musée, qui occupe l'ancien quartier général de la redoutable police secrète ÁVH, se concentre sur les crimes et les atrocités commis par les régimes fasciste et communiste hongrois à travers son exposition intitulée "Double Occupation". Les collections concernant la période entre la Seconde Guerre mondiale et le soulèvement de 1956 constituent la partie la plus importante, soit une trentaine de salles réparties sur trois étages. Les cellules reconstituées au sous-sol et la galerie de portraits dans l'escalier, où sont exposées des photos de traîtres, d'espions et de bourreaux, sont glaçantes. Certains historiens relèvent cependant des inexactitudes et un déséquilibre : voulu par le Fidesz, parti ultraconservateur, ce musée montre surtout la terreur soviétique. (Terror Háza ; 1-374 2600 ; www.terrorhaza.hu ; VI Andrássy út 60 ; tarif plein/réduit 3 000/1 500 Ft, audioguide 1 500 Ft ; 10h-18h mar-dim ; M M1 Vörösmarty utca, 4, 6)

Académie de musique Franz Liszt

ÉDIFICE REMARQUABLE

3 PLAN P. 122, D5

Installée dans un bâtiment Art nouveau de 1907, l'Académie de musique Franz Liszt attire des étudiants du monde entier et organise, dans ses deux salles, des concerts d'exception (Liszt Zeneakadémia ; 1-462 4600, billetterie 1-321 0690 ; www.zeneakademia.hu ; 1 300-19 800 Ft ; billetterie 14h-18h lun et mer, 10h-14h jeu). Même si vous n'assistez pas à un spectacle, l'intérieur rénové, richement décoré de fresques et de céramiques Zsolnay, vaut la peine d'être visité. (Liszt Zeneakadémia ; 1-462 4600 ; www.zeneakademia.hu ; VI Liszt Ferenc tér 8 ; tarif plein/réduit 3 500/1 750 Ft ; tlj visites guidées 13h30 ; M M1 Oktogon, 4, 6)

Musée hongrois du Génie électrique

MUSÉE

4 PLAN P. 122, C7

Si le thème de ce musée peut paraître pointu, certaines

expositions sont suffisamment insolites pour justifier la visite. On vous montrera notamment comment fonctionnait l'alarme de la clôture barbelée qui séparait la Hongrie de l'Autriche avant la chute du communisme. Une autre exposition présente les plateformes de nidification installées par la compagnie nationale d'électricité dans tout le pays afin que les cigognes ne se blessent pas en percutant les fils électriques. (Magyar Elektrotechnikai Múzeum ; ☎1-342 5750 ; www.mmkm.hu ; VII Kazinczy utca 21 ; tarif plein/étudiant et senior/famille 800/400/1 500 Ft ; ⏰11h-19h mar-sam, gratuit dernier samedi du mois ; trolleybus 74, M M2 Astoria)

Musée-mémorial Franz Liszt

MUSÉE

5 PLAN P. 122, D3

Ce merveilleux petit musée se situe dans l'ancienne Académie de musique, où vécut et enseigna le compositeur, de 1881 jusqu'à sa mort en 1886. On y voit ses pianos – notamment son clavier muet et son piano de verre –, et des objets personnels. Des concerts (tarif plein/étudiant et senior 2 000/1000 Ft ou 2 000/1 500 Ft avec une visite du musée) ont lieu généralement le samedi à 11h. (Liszt Ferenc Emlékmúzeum ; ☎1-322 9804 ; www.lisztmuseum.hu ; VI Vörösmarty utca 35 ; tarif plein/étudiant et senior 2 000/1 000 Ft ; ⏰10h-18h lun-ven, 9h-17h sam ; M M1 Vörösmarty utca)

Maison de la Terreur

Le petit métro

La **ligne 1 du métro** (alias Kisföldalatti, le "petit métro") passe sous Andrássy út, entre Deák Ferenc tér et le bois de la Ville. Bien qu'elle fonctionne dans les deux sens, elle ne permet pas de passer d'une voie à l'autre une fois sous terre. Pour aller vers le nord, prenez le métro du côté est d'Andrássy út ; pour aller vers le sud, prenez-le du côté ouest. Ne confondez pas non plus les stations Vörösmarty tér et Vörösmarty utca, distantes de cinq arrêts.

Synagogue orthodoxe

SYNAGOGUE

6 PLAN P. 122, C7

Dans une harmonie bleu et or, ses murs et ses pilastres sont ornés de fleurs de lotus et de palmes – un décor typique du style Art nouveau tardif. Bâtie en 1913 par les Juifs orthodoxes, cette synagogue s'enorgueillit des rosaces de sa voûte, conçues par le verrier Miksa Róth et classées au patrimoine mondial par l'Unesco. Détruites durant la Seconde Guerre mondiale, celles que l'on voit aujourd'hui sont des reproductions. (Ortodox zsinagóga ; 1-351 0524 ; www.kazinczyutcaizsinagoga.hu ; VII Kazinczy utca 29-31 ; 1 000 Ft ; 10h-18h dim-jeu, 10h-16h ven avr-oct, 10h-16h dim-jeu, 10h-13h ven nov-mars ; M M2 Astoria, 47, 49)

Se restaurer

Bors GasztroBár

SANDWICHS €

7 PLAN P. 122, C8

Nous adorons ce lieu minuscule, non seulement pour ses soupes roboratives et originales mais aussi pour ses bons sandwichs de baguette toastés : essayez le "Bors Dog" (saucisse épicée et fromage) ou le porc braisé. Peu de places assises ; la plupart des clients s'attardent devant la porte. (www.facebook.com/BorsGasztroBar ; VII Kazinczy utca 10 ; soupes 650 Ft, baguettes 750-980 Ft ; 11h30-21h ; ; M M2 Astoria)

Fröhlich Cukrászda

CAFÉ, CASHER €

8 PLAN P. 122, C7

Ce café-pâtisserie casher ouvert dans l'ancien ghetto en 1953 confectionne des gourmandises juives traditionnelles, comme le *flódni* (gâteau à 3 étages à la pomme, aux noix et aux graines de pavot ; 480 Ft) et les *mákos kifli* (biscuits aux graines de pavot en forme de croissant ; 330 Ft). (1-266 1733 ; www.frohlich.hu ; VII Dob utca 22 ; gâteaux et pâtisseries 330-780 Ft ; 9h-17h lun-jeu, 9h-14h ven ; M M1/2/3 Deák Ferenc tér)

ESCA Studio HONGROIS €€

9 PLAN P. 122, D8

L'un des meilleurs restaurants de cuisine hongroise moderne, cette adresse affiche un excellent rapport qualité/prix. Le propriétaire et chef Gábor Fehér, formé à l'étranger, prépare des plats étonnants, comme la soupe de tomate aux myrtilles et aux groseilles ou les pieds de veau grillés à la mayonnaise fumée. Il n'y a que quelques tables : réservation fortement conseillée, et même obligatoire à midi. (06 30 752 1509 ; www.restaurantesca.com ; VII Dohány utca 29 ; plats 2 750-8 850 Ft, menu dégustation 8 500 Ft, avec vins 16 500 Ft ; 18h-22h mer-sam ; trolleybus 74, M M2 Blaha Lujza tér, 4, 6)

Gettó Gulyás HONGROIS €€

10 PLAN P. 122, C7

Cette nouvelle table est sans doute la meilleure pour manger un *pörkölt* – ce que les étrangers appellent le goulasch (agrémenté de crème aigre, ce plat prend le nom de *paprikás*) – décliné dans de multiples variantes : poulet, gibier, poisson-chat, gésiers et même testicules de coq. Ajoutez des *savanyúság* (légumes marinés ; à partir de 480 Ft) et régalez-vous. Le *gulyás* hongrois est une soupe de bœuf assez épaisse (1 200 Ft). (06 20 376 4480 ; www.facebook.com/gettogulyas ; VII Wesselényi utca 18 ; plats 2 150-4 200 Ft ; 12h-23h dim-jeu, 12h-minuit ven et sam ; trolleybus 74, M M2 Astoria, 47, 49)

Dobrumba MEZZES €€

11 PLAN P. 122, B8

Ce sympathique nouveau venu dispense une véritable leçon de géographie grâce à sa cuisine où se mêlent le Moyen-Orient, la Méditerranée et le Caucase. On y trouve des mezzes (950-2 600 Ft) froids, comme le houmous et le *muhammara* (purée de poivrons rouges) ou chauds, tels les *gambas piri piri* et les foies de poulet à la grenade. (06 30 194 0049 ; dobrumba.hu ; VII Dob utca 5 ; plats 2 600-3 800 Ft ; 12h-23h ; M M2 Astoria, 47, 49)

Barack & Szilva HONGROIS €€

12 PLAN P. 122, D7

Tenu par un sympathique couple, le "Pêche et Prune" concocte une cuisine provinciale hongroise de qualité, préparée à la perfection, dans un décor de bistro. Essayez le pâté de canard aux pruneaux (2 970 Ft) et le *pörkölt* (4 200 Ft) de bœuf au vin rouge. Agréable terrasse en été et concerts. (Pêche et Prune ; 1-798 8285, 06 30 258 0965 ; www.barackesszilva.hu ; VII Klauzál utca 13 ; plats 3 000-6 700 Ft ; 18h-minuit lun-sam ; trolleybus 74, M M2 Blaha Lujza tér)

La Bodeguita del Medio CUBAIN €€

13 PLAN P. 122, D6

Pilier du Fészek Club, où artistes et intellectuels se retrouvent depuis 1901, ce restaurant cubain

Marché fermier

Chaque dimanche, le bar de ruines **Szimpla Kert** (p. 129) accueille un charmant **marché fermier** (Szimplakerti Háztáji Piac ; plan p. 122, C8 ; en.szimpla.hu/farmers-market ; VII Kazinczy utca 14 ; 9h-14h dim ; ; M M2 Astoria), où 30 à 40 producteurs vendent toutes sortes de confitures, miels, yaourts, fromages et pains, mais aussi du paprika, des fruits et légumes, de la charcuterie et des jus de fruits. Rendez-vous aussi au **marché bio de MOM Park** (MOM Park biopiac ; 06 30 974 7772 ; www.facebook.com/mombiopiac ; XII Csörsz utca 18 ; 6h-13h sam ; 139, 56, 61), à Buda, qui réunit des fermiers et producteurs bio le samedi matin.

propose des recettes classiques dans la plus jolie cour ombragée de Budapest : chips de banane et de yucca, *mantanzas* (viandes grillées), *ropa vieja* (effiloché de bœuf) et succulente salade aux crevettes et à la mangue. (06 20 388 2738 ; www.labodeguitadelmedio.hu ; VII Dob utca 57 ; plats 1 890-7 490 Ft ; 17h-minuit mar-jeu, 12h-3h ven et sam ; 4, 6)

Kőleves JUIF €€

14 PLAN P. 122, C7

Toujours animée, la "Soupe au Caillou" attire une clientèle jeune avec son menu d'inspiration juive (mais non casher), son décor gai, son service soigné et ses prix raisonnables. Bon choix de plats végétariens. Le petit-déjeuner (760-920 Ft) est servi à partir de 11h (11h30 le week-end). Le déjeuner spécial ne coûte que 1 450 Ft (1 300 Ft en version végétarienne). (1-322 1011, 06 20 213 5999 ; www.kolevesvendeglo.hu ; VII Kazinczy utca 37-41 ; plats 2 050-3 880 Ft ; 11h30-23h lun-dim ; ; M M1/2/3 Deák Ferenc tér)

Halkakas Halbistró POISSON €€

15 PLAN P. 122, D8

Ce charmant "bistro à poissons", désormais installé dans le quartier juif après de longues années à proximité de Váci utca, sert des plats frais, simples et d'un excellent rapport qualité/prix, comme les *gyros* au poisson-chat, le *tempura* de carpe aux nouilles asiatiques et le *fish 'n'chips*. Service détendu et aimable. Entrez par la rue Nagy Diófa. (06 30 226 0638 ; www.halkakas.hu ; VII Dohány utca 36 ; plats 2 150-3 600 Ft ; 12h-22h lun-sam ; trolleybus 74, M M2 Blaha Kujza tér)

M Restaurant INTERNATIONAL €€

16 PLAN P. 122, D5

Petite adresse romantique à l'ambiance décontractée. La carte réduite propose des plats hongrois rehaussés d'une touche française, comme l'onglet de veau (4 800 Ft) ou le magret de canard aux lentilles (3 700 Ft). (06 31 783 0161, 1-322 3108 ; www.metterem.hu ; VII Kertész utca 48 ; plats 2 600-4 800 Ft ; 18h-minuit mar-dim ; ; M M1 Oktogon, 4, 6)

Prendre un verre

Szimpla Kert BAR DE RUINES

17 PLAN P. 122, C8

Le plus ancien des *romkocsma* a investi un grand patio et les maisons alentour. C'est un lieu festif qui accueille tous les soirs DJ, groupes, performeurs, et qui projette aussi des films en plein air. Le dimanche matin, marché de producteurs bio (fruits, saucisson, miel) prisé des Budapestois qui en profitent pour bruncher en famille. (06 20 261 8669 ; www.en.szimpla.hu/szimpla-garden ; VII Kazinczy utca 14 ; 9h-4h lun-dim ; M M2 Astoria)

Tuk Tuk Bar GAY

18 PLAN P. 122, B6

Dans le Casati Budapest Hotel (p. 153), ce bar "inspiré de Shanghai" – les *tuk-tuk*, comme celui qu'on voit sur le trottoir, ne seraient-ils pas plutôt thaïlandais ? – draine la communauté homosexuelle. Œuvres d'art aux murs, excellents cocktails et service sympathique. (1-343

Szimpla Kert

1198 ; www.tuktukbar.hu ; VI Paulay Ede utca 31 ; 16h-minuit ; M M1 Opera)

Dobló
BAR À VINS

19 PLAN P. 122, C7

Tapissé de brique et éclairé aux chandelles, ce lieu est parfait pour un apéro en amoureux. On y déguste des crus des meilleurs producteurs de chaque région (200 vins à la carte) en picorant des fromages ou des jambons artisanaux. Le jazz live à partir de 21h ne gâche rien. (06 20 398 8863 ; www.budapestwine.com ; VII Dob utca 20 ; 17h-1h mer et jeu, 17h-2h ven et sam ; M M1/2/3 Deák Ferenc tér)

Instant
DISCOTHÈQUE

20 PLAN P. 122, D6

Nouvel emplacement, au sein de l'ensemble **Fogas** (06 70 638 5040 ; www.fogashaz.hu ; VII Akácfa utca 49 ; 16h-6h ; ; trolleybus 70, 74, 78, 4, 6) pour ce club comptant une demi-douzaine de salles, sept bars, sept pistes de danse, deux jardins, des DJ et des concerts. L'animation y est permanente. (06 70 638 5040 ; www.instant-fogas.com ; VII Akácfa utca 51 ; 16h-6h ; trolleybus 70, 74, 78, 4, 6)

CoXx Men's Bar
BAR GAY

21 PLAN P. 122, D8

Ce lieu de rencontre gay de 400 m^2, parmi les plus fréquentés de la ville, réunit un gigantesque bar et quelques "backrooms" à l'arrière. (1-344 4884 ; VII Dohány utca 38 ; 21h-4h ; M M2 Blaha Lujza tér, 4, 6)

Művész Kávéház
CAFÉ

22 PLAN P. 122, B5

Presque en face de l'Opéra, le "café des Artistes" ouvert en 1898 et sa terrasse ombragée permettent d'observer les passants. Certains disent que ses gâteaux (890-900 Ft) n'ont plus leur saveur d'autrefois. (1-343 3544, 06 70 333 2116 ; www.muveszkavehaz.hu ; VI Andrássy út 29 ; 8h-21h lun-sam, 9h-20h dim ; M M1 Opera)

Sortir

Gödör Klub
CONCERTS

23 PLAN P. 122, A7

Dans le centre commercial Central Passage, dans Király utca, Gödör reste réputé pour sa programmation variée (indé, rock, jazz, électronique et expérimentale), ainsi que pour ses soirées club, organisées dans son bel espace industriel. Expositions et cinéma en été. (06 20 201 3868 ; www.godorklub.hu ; VI Király utca 8-10, Passage central ; 10h-minuit lun-jeu, 10h-2h ven et sam ; ; M M1/2/3 Deák Ferenc tér)

Pótkulcs
CONCERTS

24 PLAN P. 122, C2

Le "Double des clés" est un bar agréable qui organise des concerts en tout genre presque tous les soirs et parfois un *táncház* (musique et danse traditionnelles). En été, la petite cour centrale invite à la détente. (1-269 1050 ; www.facebook.com/PotkulcsBudapest ; VI Csengery utca 65/b ; 17h-2h ; M3 Nyugati pályaudvar)

Théâtre de marionnettes de Budapest SPECTACLES POUR ENFANTS

25 PLAN P. 122, D3

Spectacles pour enfants à 10h ou 10h30, et 14h30 ou 15h. Il n'est pas nécessaire de comprendre le hongrois. Programme et horaires exacts des spectacles de marionnettes sur le site Internet. (Budapest Bábszínház ; 1-461 5090, billetterie 1-342 2702 ; www.budapestbabszinhaz.hu ; VI Andrássy út 69-71 ; billets 1 600-2 300 Ft ; billetterie 9h-18h ; M1 Vörösmarty utca)

Shopping

Massolit Budapest LIVRES

26 PLAN P. 122, C7

Annexe de la fameuse enseigne de Cracovie (Pologne), Massolit est l'une des meilleures librairies de Budapest. Le petit jardin ombragé à l'arrière et les tables installées entre les rayons invitent à déguster bagels et gâteaux en feuilletant les livres. (1-788 5292 ; www.facebook.com/MassolitBudapest ; VII Nagy Diófa utca 30 ; 10h-19h ; M2 Astoria)

Gouba Gozsdu Bazaar MARCHÉ

27 PLAN P. 122, B7

Chaque dimanche, vous trouverez dans ce marché d'art et d'artisanat des créations intéressantes signées d'artistes et de créateurs locaux. Parfait pour trouver un souvenir. (www.gouba.hu ; VII Gozsdu udvar, VII Király utca 13 et Dob utca 16 ; 10h-19h dim ; M1/2/3 Deák Ferenc tér)

Szputnyik Shop D-20 MODE ET ACCESSOIRES

28 PLAN P. 122, C8

Un lieu ouvert et lumineux où de nombreux articles vintage (type blousons d'universités américaines) côtoient des créations originales de grandes marques internationales. (1-321 3730 ; szputnyikshop.hu ; VII Dohány utca 20 ; 10h-20h lun-sam, 10h-18h dim ; M2 Astoria)

Explorer
Sud de Pest

Les quartiers hauts en couleur de Józsefváros (Joseph-Ville) et Ferencváros (François-Ville) – nous vous laissons deviner à quels empereurs des Habsbourg ils doivent leurs noms – sont par tradition ouvriers et étudiants. C'est un vrai plaisir de flâner dans leurs ruelles, en jetant un coup d'œil à l'intérieur des cours et des petites boutiques traditionnelles. Tous deux sont en pleine évolution, avec de nouveaux magasins, bars et restaurants surgissant de toutes parts.

Notre sélection

- ***Musée national hongrois (p. 134)*** *Remontez le temps dans ce lieu qui abrite de nombreux trésors historiques.*
- ***Nagycsarnok (p. 137)*** *Promenez-vous dans le Grand Marché de Budapest parmi les étals vendant objets d'artisanat et produits alimentaires.*
- ***Musée des Arts décoratifs (p. 139)*** *Admirez l'architecture de ce remarquable palais Art nouveau et son toit couvert de tuiles en céramique.*
- ***Cimetière Kerepesi (p. 139)*** *Rendez hommage aux notables et hommes d'État hongrois ainsi qu'aux héros de l'insurrection de 1956.*

Comment y aller et circuler

M La ligne M2 (rouge) suit la limite nord deJózsefváros, tandis que la M3 (bleue) dessert Ferencváros. La M4 (verte) relie Fővám tér et Keleti pályaudvar.

Les deux quartiers sont desservis par les lignes 47 et 49, et, plus à l'est, par les lignes 4 et 6.

Plan du sud de Pest p. 138

Musée et centre d'accueil Zwack (p. 140) POSZTOS / SHUTTERSTOCK ©

Les incontournables

Musée national hongrois

Le Musée national hongrois, fondé en 1802, lorsque le comte Ferenc Széchenyi fit don à l'État d'une collection personnelle, renferme les reliques historiques les plus importantes de la nation. Il retrace l'histoire du bassin des Carpates depuis l'âge de la pierre, et celle du peuple magyar et de la Hongrie, depuis la conquête du IXe siècle jusqu'à la fin du communisme.

PLAN P. 138, B2

Magyar Nemzeti Múzeum

www.hnm.hu

VIII Múzeum körút 14-16

10h-18h mar-dim

M M3/4 Kálvin tér, 47, 49

Escalier extérieur

Moins d'un an après avoir investi son nouveau site, un impressionnant édifice néoclassique conçu par Mihály Pollack en 1847, le musée fut le théâtre d'un événement historique. Le 15 mars, une foule se rassembla devant les marches du musée pour écouter le poète Sándor Petőfi déclamer le *Nemzeti Dal* ("chant national"), prélude à la révolution de 1848-1849.

Collections historiques

Les collections du premier étage retracent l'histoire du bassin des Carpates et de son peuplement, du paléolithique jusqu'à la fin de l'ère Avar, au début du IXe siècle. L'exposition se poursuit à l'étage supérieur avec la période allant de la dynastie des Árpád à la chute du communisme. Au niveau inférieur, on découvre des vestiges romains, notamment une mosaïque du IIe siècle provenant de Balácapuszta, près de Veszprém.

Manteau du couronnement

Le beau manteau du couronnement en soie du roi Étienne, exposé dans une salle à gauche en prenant l'imposant escalier pour le premier étage, fut cousu par des nonnes en 1031. Restauré au XIIIe siècle, l'habit très défraîchi comporte des broderies raffinées mêlant fil d'or et perles.

Jardins du musée

Il est agréable de se promener dans les jardins du musée, aménagés en 1856 et récemment remaniés. Cadeau de Mussolini, la colonne romaine à gauche de l'entrée du musée se dressait jadis dans le forum de Rome. Parmi les monuments figure une statue de János Arany (1817-1882), auteur de l'épique *Trilogie de Toldi*. Il y a aussi un tank soviétique datant de l'insurrection de Budapest en 1956.

★ À savoir

- Des audioguides en français sont disponibles (750 Ft la première heure, puis 250 Ft supplémentaires au-delà).
- La boutique du musée vend de belles reproductions de bijoux celtes (IIIe siècle) en or et en argent.

Une petite pause ?

L'**Építész Pince** (www.epiteszpince.hu ; VIII Ötpacsirta utca 2 ; plats 1 400-6 500 Ft ; 11h-21h lun-jeu, 11h-23h ven et sam ;), au coin de la rue, propose un menu bon marché du lundi au vendredi, pour le déjeuner (1 100 Ft).

Pour un excellent café ou une bière artisanale, optez pour Mikszáth Kálmán tér, au sud-est et le **Lumen Kávézó** (1-781 5156 ; www.facebook.com/lumen.kavezo ; VIII Mikszáth Kálmán tér 2-3 ; 8h-21h30 lun-ven, à partir de 10h sam et dim).

Promenade à pied

D'un marché à l'autre dans le sud de Pest

La meilleure façon d'apprécier ces deux quartiers de tradition ouvrière consiste à opter pour un site puis à flâner dans les rues alentour. Ce secteur, situé entre d'excellents marchés, recèle de nombreuses échoppes de livres anciens, des vestiges de l'insurrection de 1956 et des édifices notables. Il ne manque pas non plus de bars et de restaurants branchés.

Comment y aller

M les lignes M3 et M4 desservent IX Kálvin tér ; VIII Rákóczi tér se trouve sur la ligne M4.

Les trams nos 47 et 49 suivent le Petit Boulevard les nos 4 et 6 longent le Grand Boulevard.

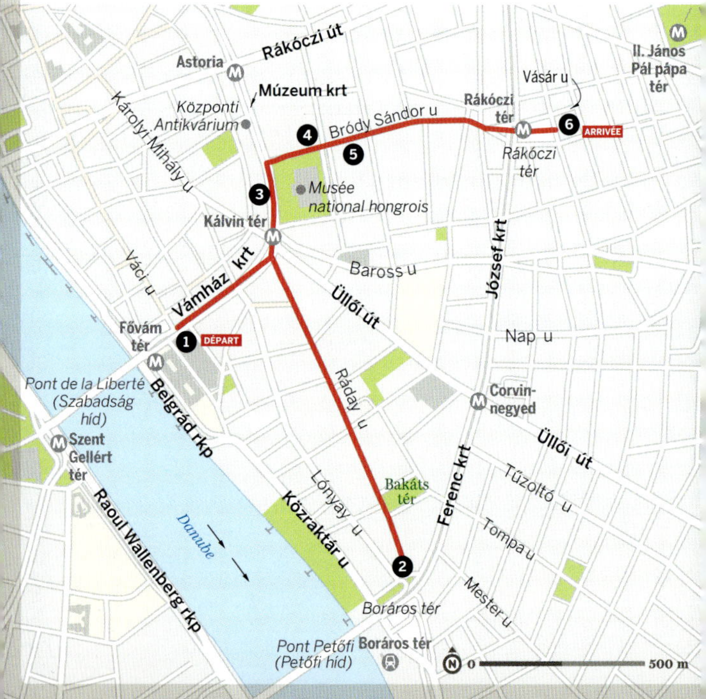

❶ Le Nagycsarnok

e **Nagycsarnok** (Grand Marché ; ☎1-366 3300 ; www.piaconline.hu ; IX ámház körút 1-3 ; ⏲6h-17h lun, 6h-18h ıar-ven, 6h-15h sam ; M M4 Fővám tér, 🚋47, 49) est le plus grand marché ouvert de Budapest. S'il attire e nombreux touristes, il reste déal pour faire ses courses. Les pécialités hongroises y sont moins hères que dans les boutiques de áci utca – terrines de foie gras, uirlandes de paprika séché, boîtes e paprika en poudre et une variété ımaginable de miels.

❷ La pause brunch

a longue Ráday utca, qui voit es tables en terrasse prises 'assaut aux beaux jours, est une estination animée à toute heure e la journée. Faites une pause runch au **Jedermann Cafe** (☎06 0 406 3617 ; www.jedermann.hu ; Ráday utca 58 ; ⏲8h-minuit lun-ven, partir de 9h sam-dim ; 🚋4, 6), un afé-restaurant à l'extrémité sud e la rue qui sert aussi un excellent ıenu déjeuner en semaine.

❸ Livres anciens

e flanc ouest du Múzeum körút oulevard du Musée) est jalonné de brairies. Le **Múzeum Antikvárium** www.muzeumantikvarium.hu ; Múzeum körút 35 ; ⏲12h-17h lun-ven,)h-14h sam ; M M3/4 Kálvin tér), en ıce du Musée national hongrois, st notre préférée. Plus au nord, **Központi Antikvárium** (www. ɔzpontiantikvarium.hu ; V Múzeum körút 3-15 ; ⏲10h-18h lun-ven, 10h-14h sam ; M M2 Astoria) est la p et la plus ancienne

❹ Brody Hous

Devenue un **hôt** www.brody.land ; utca 10 ; ch 80-120 € ; M M3 Kálvin tér, 🚋47, 49) sélect, la Brody House abritait au XIXe siècle la résidence du Premier ministre hongrois, à l'époque où le Parlement se dressait encore au n°8, juste à côté. Regardez au verso du billet de 20 000 Ft.

❺ Siège de la Radio hongroise

Le soir du 23 octobre 1956, devant le **siège de la Radio hongroise** (Magyar Rádió ; VIII Bródy Sándor utca 5-7 ; M M3 Kálvin tér, 🚋47, 49) des agents de l'ÁVH (la police secrète hongroise) ouvrirent le feu sur des manifestants qui exigeaient la nomination du réformiste Imre Nagy au poste de Premier ministre. Le lendemain, Budapest se réveillait en proie à la révolution.

❻ Marché de Rákóczi Tér

Terminez votre promenade devant la façade d'une splendide **halle de marché** (☎1-476 3921 ; www. piaconline.hu ; VIII Rákóczi tér 7-9 ; ⏲6h-16h lun, 6h-18h mar-ven, 6h-13h sam ; M M4 Rákóczi tér, 🚋4, 6), datant de 1897. À l'intérieur, vous trouverez de beaux étals de fruits, légumes, viandes fumées, fromages, confitures et pâtisseries. Certains produits proviennent directement des fermes des environs.

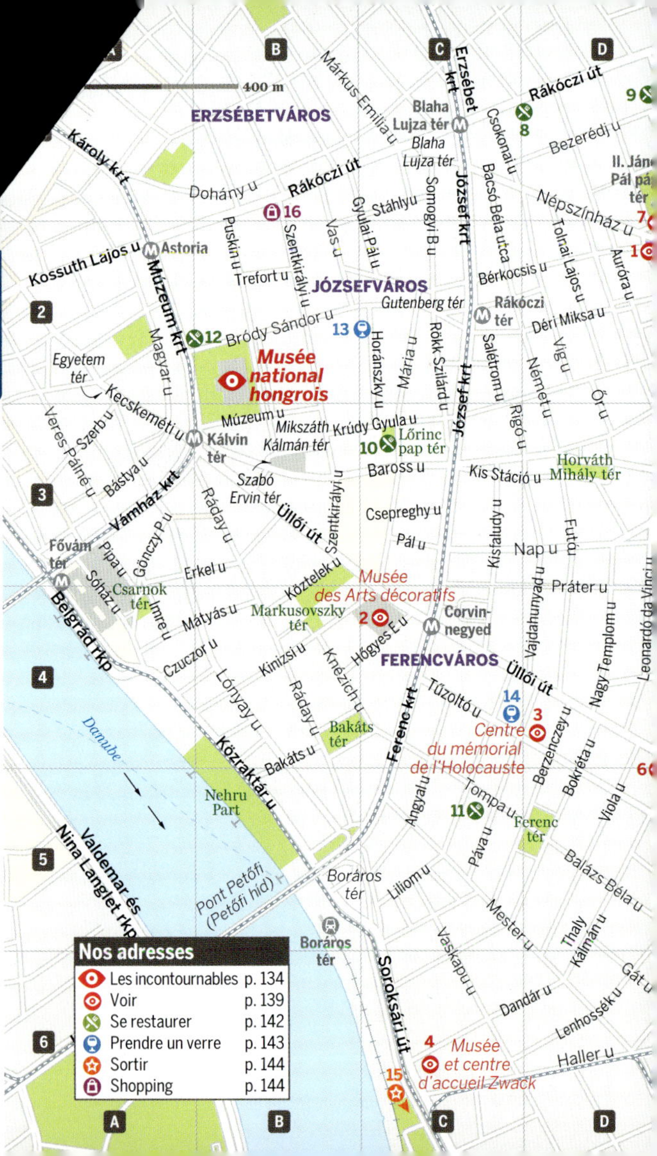
A
B
C
D
2
3
4
5
6
400 m
ERZSÉBETVÁROS
JÓZSEFVÁROS
FERENCVÁROS
Musée national hongrois
Musée des Arts décoratifs
Centre du mémorial de l'Holocauste
Musée et centre d'accueil Zwack
Károly krt
Rákóczi út
Dohány u
Kossuth Lajos u
Astoria
Múzeum krt
Puskin u
Szentkirályi u
Vas u
Gyulai Pál u
Stáhlyu
Somogyi B u
József krt
Erzsébet krt
Blaha Lujza tér
Márkus Emília u
Csokonai u
Bacsó Béla utca
Bezerédj u
II. János Pál pápa tér
Népszínház u
Tolnai Lajos u
Auróra u
Bérkocsis u
Rákóczi tér
Déri Miksa u
Trefort u
Gutenberg tér
Bródy Sándor u
Horánszky u
Mária u
Rökk Szilárd u
Salétrom u
Német u
Vig u
Őr u
Egyetem tér
Magyar u
Kecskeméti u
Múzeum u
Mikszáth Kálmán tér
Krúdy Gyula u
Lőrinc pap tér
Kálvin tér
Szerb u
Veres Pálné u
Bástya u
Vámház krt
Szabó Ervin tér
Baross u
Rigó u
Kis Stáció u
Horváth Mihály tér
Ráday u
Üllői út
Csepreghy u
Kisfaludy u
Futó u
Pál u
Nap u
Fővám tér
Pipa u
Gönczy P u
Erkel u
Köztelek u
Práter u
Sóház u
Csarnok tér
Imre u
Mátyás u
Markusovszky tér
Corvin-negyed
Vajdahunyad u
Leonardo da Vinci u
Belgrád rkp
Czuczor u
Kinizsi u
Knézich u
Hőgyes E u
Nagy Templom u
Tűzoltó u
Lónyay u
Bakáts tér
Bakáts u
Ferenc krt
Berzenczey u
Bokréta u
Danube
Közraktár u
Nehru Part
Angyal u
Tompa u
Ferenc tér
Viola u
Páva u
Valdemar és Nina Langlet rkp
Pont Petőfi (Petőfi híd)
Boráros tér
Liliom u
Balázs Béla u
Mester u
Vaskapu u
Thaly Kálmán u
Soroksári út
Dandár u
Gát u
Lenhossék u
Haller u
Nos adresses
Les incontournables p. 134
Voir p. 139
Se restaurer p. 142
Prendre un verre p. 143
Sortir p. 144
Shopping p. 144

/oir

:imetière Kerepesi CIMETIÈRE

◎ PLAN P. 138, D2

galement appelé "cimetière de
ı rue Fiume" (Fiumei uti sírkert),
: cimetière Kerepesi ressemble
u Père-Lachaise à Paris. Les
ictimes du soulèvement de
956 reposent, paradoxalement,
rès du colossal panthéon aux
aciques du Parti communiste
ongrois. N'hésitez pas à
emander un plan (gratuit) au
ureau, près de l'entrée. (Kerepesi
:metö ; ☎1-896 3891 ; www.
umeiutisirkert.nori.gov.hu ; VIII
umei út 16 ; entrée libre ; ⏲tlj 7h30-
7h jan-fév et nov-déc, 7h-17h30 mars,
ı-19h avr, 7h-20h mai-juil, 7h-19h
oût, 7h-18h sept, 1h-17h oct ; 🚊24)

Musée des Arts décoratifs MUSÉE

2 ◎ PLAN P. 138, C4

L'édifice dessiné par l'architecte Ödön Lechner (p. 89) est en lui-même un chef-d'œuvre Art nouveau qui intègre des influences orientales. Le toit et le porche d'entrée sont décorés de céramiques dans un style mauresque, et l'intérieur s'inspire de l'Alhambra de Grenade. Fermé pour travaux lors de notre passage, ce musée ne devrait rouvrir que début 2021. Sa collection principale présente du mobilier hongrois et européen des XVIIIe et XIXe siècles, des objets Art nouveau et Sécession, et d'autres liés à l'histoire du commerce et de l'artisanat

metière Kerepesi

(verrerie, reliure, orfèvrerie). Une autre regroupe des objets et des œuvres d'art islamiques du IXe au XIXe siècle. (Iparművészeti Múzeum ; 1-456 5107 ; www.imm.hu ; IX Üllői út, 33-37 ; tarif plein/réduit 2 000/1 000 Ft, avec les expositions temporaires 3 500/1 750 Ft ; 10h-18h mar-dim ; M M3 Corvin-negyed, 4, 6)

Centre du mémorial de l'Holocauste

SITE JUIF

3 PLAN P. 138, D4

Installé dans un saisissant bâtiment moderne, le centre du mémorial de l'Holocauste a ouvert ses portes en 2004, le jour du 60e anniversaire de l'Holocauste en Hongrie. Il retrace la montée de l'antisémitisme en Hongrie jusqu'aux déportations massives vers les camps de la mort. Les noms des victimes sont gravés sur le mur de la mémoire, dans le jardin, tandis que la liste des communes juives balayées figure sur la "tour des communautés perdues". Dans la cour centrale, une synagogue sublimement restaurée (1924), conçue par Leopold Baumhorn, accueille des expositions temporaires. (Holokauszt Emlékközpont ; 1-455 3333 ; www.hdke.hu ; IX Páva utca 39 ; tarif plein/réduit 1 400/700 Ft ; 10h-18h mar-dim ; M M3 Corvin negyed, 4, 6)

Musée et centre d'accueil Zwack

MUSÉ

4 PLAN P. 138, C6

L'Unicum, épais apéritif amer au goût de médicament, fabriqué à partir de 40 herbes et épices, est l'une des boissons préférées en Hongrie. Pour découvrir son histoire, rendez-vous dans ce petit musée. La visite commence par une vidéo, suivie d'une collection d'environ 17 000 mignonnettes du monde entier et s'achève par une dégustation. Pour les amateurs, la boisson est vendue dans la boutique adjacente, ouverte de 9h à 18h d lundi au vendredi (10h le samedi (Zwack Múzeum és Látogatóközpont; 1-476 2383; www.zwackunicum. hu IX Dandár utca 1 ; adulte/- 18 ans 2 500/1 300 Ft ; 10h-17h lun-sam ; 2, 24)

Musée Ludwig d'Art contemporain

MUSÉ

5 PLAN P. 138, C5

Situé dans le Palais des Arts (voir aussi p. 144) à l'architectur imposante, au nord du pont Rákóczi, le musée Ludwig présente la plus importante collection hongroise d'art contemporain international. Les œuvres d'artistes américains russes, allemands et français couvrent le dernier demi-siècle, tandis que celles d'art contemporain hongrois, tchèque slovaque, roumain, polonais et slovène ne datent que des

a synagogue du centre du mémorial de l'Holocauste

nnées 1990. Le musée propose ussi de fréquentes expos emporaires fort attendues. .udwig Kortárs Művészeti Múzeum ; 1-555 3444 ; www.ludwigmuseum. ı ; IX Komor Marcell utca 1 ; tarif ein 1 600 Ft, billet combiné xpositions temporaires 3 400 Ft ; 10h-20h mar-dim ; 2, 24, HÉV7 Közvágóhíd).

luséum d'histoire aturelle

MUSÉE

PLAN P. 138, D4

es enfants aiment ce musée aux nimations interactives, étayées ar des films et des textes (en nglais). Pour savoir comment vent les dauphins ou ce que ıangeaient les dinosaures, le isiteur ouvre un tiroir, pousse un bouton ou touche un écran. (210 1085 ; www.mttm.hu ; Ludovika tér 2-6 ; tarif plein/réduit 1 600/800 Ft, gratuit le 1er dimanche du mois pour famille et -26 ans ; lun-dim 10h-18h ; M Klinika)

Nouveau cimetière public

CIMETIÈRE

7 PLAN P. 138, D1

Cet immense cimetière est facile à atteindre en tram depuis Blaha Lujza tér. Le corps d'Imre Nagy y a été jeté dans une fosse commune à côté de 200 victimes d'exécutions durant les années 1950. Ce n'est qu'en 1989 qu'il eut droit à des funérailles officielles. À 500 m au nord, une synagogue blanche signale l'entrée du **cimetière juif** (Izraelita temetö ; Kozma utca, 6 ; mai-sept lun-ven 8h-16h, dim 8h-16h, oct-avr lun-ven 8h-15h, dim 8h-15h ; 28), émouvant avec ses caveaux somptueux mais aussi ses tombes abandonnées. (Új köztemetö : Kozma utca 8-10 ; www.btirt.hu ; oct-fév 7h30-17h, 7h30-17h30 mars, 7h30-18h sept, 7h30-19h avr et août, 7h30-20h mai, juin et juil ; 28, 37)

Se restaurer

Hauer Cukrászda és Kávéház

CAFÉ-PÂTISSERIE €

8 PLAN P. 138, D1

Ouverte en 1899, cette immense pâtisserie a changé de nom et de direction après la Seconde Guerre mondiale et n'a retrouvé sa splendeur d'autrefois qu'en 2016 : miroirs aux murs, épaisse moquette en velours rouge et tables en marbre blanc – sans oublier de succulents gâteaux traditionnels. (1-612 1313 ; www.hauercukraszda.hu ; VIII Rákóczi útca 47-49 ; gâteaux 590-890 Ft ; 10h-19h ; M M2 Blaha Lujza tér, 4, 6)

Élesztő

HEMIS / ALAMY STOCK PHOTO ©

Rosenstein

HONGROIS €

9 PLAN P. 138, D1

Situé dans une rue calme d'un quartier un peu gris, ce restaurant hongrois, tenu par une famille depuis des années, propose une cuisine juive de haut vol. La carte très fournie comprend d'intéressants plats de gibier. Essayez la *pálinka* (eau-de-vie) aux prunes maison. (1-333 3492 ; www.rosenstein.hu ; VIII Mosonyi utca 3 ; plats 2 500-7 500 Ft ; 12h-23h lun-sam ; M M2/4 gare Keleti, 24)

Alma & Körte

HONGROIS €

10 PLAN P. 138, C3

Petit frère du Barack & Szilva ("Pêche et Prune", p. 127) d'Erzsébetváros (un nom qui se réfère à la *pálinka* plutôt qu'au fruits), ce restaurant prépare des recettes classiques, comme un ragoût de poisson-chat et un exceptionnel lapin rôti, mais dans un style plus moderne et plus léger. Notez l'échelle suspendue au-dessus du bar où sont ccrochés de vieux accessoires gricoles. ("Pomme et Poire" ; 06 30 667 0822, 1-786 7803 ; ww.almaeskorte.hu ; VIII Lőrinc ap tér 3 ; plats 3 150-5 660 Ft ; 16h-23h lun-sam ; M M3 Corvin-egyed, M3/4 Kálvin tér, 4, 6)

aletta istró HONGROIS €€

PLAN P. 138, C5

ransfuge de Keszthely, sur lac Balaton, ce restaurant écemment installé dans le sud e Pest affiche un charmant etit air marin, avec ses lambris lancs, ses tons bleus et sa déco autique. La cuisine ne manque as d'intérêt, à l'image des *ramen* la carpe fumée (1 950 Ft), mais spécialité de la maison reste plat favori de tous les petits ongrois : le *rántott sajt* (fromage ané et frit ; 3 350 Ft). (06 984 0197 ; www.palettabisztro. ; IX Tompa utca 28 ; plats 2 450-350 Ft ; 10h-22h30 lun-sam, squ'à 16h dim)

lúzeum HONGROIS €€€

PLAN P. 138, B2

our un dîner à l'ancienne, son du piano en arrière-an, rendez-vous dans ce très égant restaurant qui occupe epuis quelque 135 années même adresse. Le parfait foie gras d'oie (3 500 Ft) st une véritable merveille et la uisse d'oie au chou (4 400 Ft) le *fogas* (sandre) grillé, un délice. L'établissement propose également un beau choix de crus hongrois. (1-338 4221, 1-267 0375 ; www.muzeumkavehaz.hu ; VIII Múzeum körút 12 ; plats 3 400-7 400 Ft ; 12h-15h et 18h-minuit lun-sam ; M M3/4 Kálvin tér, 47, 49)

Prendre un verre

Lumen Café BAR

13 PLAN P. 138, C2

Comprenant plusieurs espaces, notamment des cours, couvertes ou non, aménagées face à la cheminée en brique d'une ancienne fabrique de tuyaux, ce bar sert des petits-déjeuners (950-1 450 Ft), des sandwichs et des plats plus élaborés

Boire un petit coup

Ne quittez pas la Hongrie sans avoir goûté ses deux boissons les plus célèbres. La *pálinka*, une eau-de-vie très forte fabriquée à partir de différents fruits (abricots ou prunes le plus souvent), est servie dans la plupart des bars : certains en proposent une immense variété. L'Unicum, dont la bouteille caractéristique évoque un flacon d'apothicaire, est une liqueur amère apparue vers 1790 qui existe aujourd'hui en trois versions.

Táncház

Visiter une *táncház* (littéralement une "maison de la danse", en fait un atelier de musique et de danse traditionnelles) constitue une excellente façon de découvrir ce type de musique dans une ambiance décontractée. On peut même participer, plutôt que de se contenter de regarder. À Budapest, on trouve très facilement des spectacles de ce genre, surtout depuis que les *táncház* connaissent un fort renouveau.

(1 650-2 650 Ft). On vient surtout au Lumen Café pour prendre un verre tout en écoutant de la musique (jazz traditionnel et expérimental, pop, world music) à partir de 20h du mardi au samedi. (☎ 06 20 530 0850 ; www.facebook.com/lumen.kavezo ; VIII Horánszky utca 5 ; 🕐 10h-minuit ; M M4 Rákóczi tér)

Élesztő

BIÈRES ARTISANALES

14 PLAN P. 138, C4

Installé dans un ancien atelier de soufflage de verre, ce bar de ruines est divisé en trois parties : un café, un bar à vins avec tapas (890-1 390 Ft) et un autre bar proposant un choix incomparable de bières artisanales. Un paradis des amateurs de bières, dont le nom signifie "levure", doté d'une brasserie sur place, proposant 30 variétés à la pression, des cocktails à la bière et des démonstrations de brassage. (en.elesztohaz.hu ; IX Tűzoltó utca 22 ; 🕐 15h-21h30 ; M M3 Corvin-negyed, 🚋 4, 6)

Sortir

Palais des Arts

SALLE DE CONCERT

15 PLAN P. 138, C6

Les deux salles de concerts de ce centre artistique installé au bord du Danube offrent une acoustique qui frôle véritablement la perfection. Elles accueillent respectivement 1 700 et 450 spectateurs. Les étudiants ne paient que 500 Ft pour une place debout en se présentant une heure avant le début de chaque spectacle. (Művészetek Palotája (Müpa) ; billetterie ☎ 1-555 3300 ; www.mupa.hu ; IX Komor Marcell utca 1 ; 🕐 billetterie 10h-18h ; 📶 ; 🚋 2, 24, 🚆 (HÉV) H7 Közvágóhíd)

Shopping

Magyar Pálinka Háza

BOISSONS

16 PLAN P. 138, B1

Cette grande boutique vend des centaines de variétés de *pálinka*. Choisissez une Szicsek ou une Prekop, deux bonnes marques. Les chocolats à la *pálinka* font

restaurant Alma & Körte (p. 142)

ı cadeau original. ("Maison ıngroise de la pálinka" ; 06 70 ;4 0026, 06 30 421 5463 ; www.magyarpalinkahaza.hu ; VIII Rákóczi út 17 ; 9h-19h lun-sam ; 7, M M2 Astoria)

Vaut le détour

Bois de la Ville

Le bois de la Ville (Városliget) concentre un grand nombre de sites majeurs de Budapest. Outre un musée d'art de renommée mondiale et un plus petit consacré à l'art contemporain, on y trouve aussi la place la plus impressionnante de Budapest, le zoo, les bains Széchenyi et un beau château du XIXe siècle. Un biodôme verra bientôt le jour (dans le zoo, qui sera agrandi), et de nouveaux bâtiments accueilleront la Galerie nationale hongroise et le musée d'Ethnographie.

Városliget

20E, 30, M M1 Hősök tere, Széchenyi fürdő, trolleybus 70, 72, 75, 7

1usée des Beaux-Arts

ans un imposant bâtiment de style Renaissance ɔuvert après plusieurs années de rénovation, **musée des Beaux-Arts** (Szépmüvészeti úzeum ; ☎1-469 7100 ; www.mfab.hu ; XIV Dózsa yörgy út 41 ; tarif plein/réduit 3 200/1 600 Ft ; ⌚10h-18h ven-dim ; Ⓜ M1 Hősök tere) recèle le plus el ensemble d'art étranger de Budapest, des ɔjets égyptiens aux grands maîtres espagnols, amands, italiens et allemands. Pour la première ɔis depuis 40 ans, on peut aussi admirer des euvres hongroises. La collection privée du ɔmte Miklós Esterházy, rachetée par l'État ղ 1870, forme le cœur de la collection.

ains Széchenyi

éritable pâtisserie architecturale dressée dans bois de la Ville, les **bains Széchenyi** (Széchenyi yógyfürdő ; ☎1-363 3210, 06 30 462 8236 ; www. :echenyibath.hu ; XIV Állatkerti körút 9-11 ; billet ·ec casier/cabine lun-ven 5 900/6 900 Ft, sam-dim 200/7 200 Ft ; ⌚7h-19h ; Ⓜ M1 Széchenyi fürdő) atent du début du XXe siècle. Leur source d'eau ղaude fut découverte lors du forage d'un puits la fin du XIXe siècle. Avec 15 bassins intérieurs : 3 extérieurs, il s'agit des plus grands thermes édicinaux d'Europe.

lace des Héros t monument du Millénaire

ղe colonne de 36 m de haut (1896) célèbre millénaire de la conquête du bassin des arpates par les Magyars. Perché au sommet, archange Gabriel offre la couronne de Hongrie ı futur roi Étienne Ier. Au pied de la colonne, s sept conquérants et chefs de clan, Árpád ı tête. Devant ce monument, la tombe du ɔldat inconnu. Les colonnades bordant la place ɔritent 14 statues de souverains et d'hommes État de Hongrie. Plus de 200 000 personnes sistèrent ici aux funérailles nationales d'Imre

★ À savoir

- Pour une vue sublime sur l'architecture du parc, suivez une visite guidée de la **tour des Apôtres** (Apostolok Tornya ; Vajdahunyadvár ; 600 Ft ; ⌚10h-16h mar-dim ; trolleybus 75, 79, Ⓜ M1 Széchenyi fürdő).

✕ Une petite pause ?

Le dimanche, rendez-vous au **Gundel** (☎06 30 603 2480 ; www.gundel.hu ; XIV Gundel Károly út 4 ; plats 6 700-17 500 Ft, menus déj 7 900-8 900 Ft, dim brunch adulte/enfant 14 900/6 900 Ft ; ⌚12h-23h dim-jeu, 12h-minuit ven-sam ; Ⓜ M1 Hősök tere) pour le brunch maison. **Robinson** (☎06 30 663 6871 ; www.robinsonrestaurant.hu ; XIV Városligeti tó ; plats 4 900-12 900 Ft ; ⌚12h-22h ; trolleybus 75, 79, Ⓜ M1 Hősök tere) est un bon endroit pour déjeuner ou prendre un verre à toute heure au bord du lac.

Nagy en 1989. C'est ici que se déroulent défilés contestataires et manifestations populaires.

Zoo municipal

Ouvert en 1866 avec 500 animaux, ce **zoo** (Budapesti Állatkert ; ☎1-273 4900 ; www.zoobudapest.com ; XIV Állatkerti körút 6-12 ; adulte/2-18 ans/famille 3 300/2 200/ 8 000 Ft ; ⏰9h-18h lun-jeu, 9h-19h ven-dim mai-août, horaires variables le reste de l'année ; 👪 ; 🚌trolleybus 72, 75, 79, Ⓜ M1 Széchenyi fürdő) compte parmi ses locataires des grands félins, des hippopotames, des ours et des girafes. Certaines de ses sections (Madagascar, zones humides, animaux nocturnes d'Australie) sont bien réalisées, même si l'eau des mares semble un peu stagnante. Ne manquez pas les pavillons Sécession construits au début du XXe siècle, comme la maison des éléphants, ornée de céramiques Zsolnay, ou la maison des palmiers, avec son aquarium signé des ateliers Eiffel.

Palais des Arts

Évoquant un temple grec, le **Műcsarnok** (palais des Arts ; ☎1-460 7000 ; www.mucsarnok.hu ; XIV Dózsa György út 37 ; tarif plein/réduit 2 200/800 Ft ; ⏰10h-18h mar-dim, 12h-20h jeu ; 🚌20E, 30, Ⓜ M1 Hősök tere) compte parmi les plus grands espaces d'exposition de Budapest. Consacré à l'art plastique contemporain, il organise trois à quatre expositions annuelles tous azimuts : photographie, sculpture et installations d'artistes locaux et internationaux. Le bâtiment

t la boutique valent le détour. ;oncerts occasionnels.

;hâteau de Vajdahunyad

:rigé en 1896 dans des matériaux emporaires pour les fêtes du Aillénaire, puis plus tard rebâti en ierre, ce **château** (photo p. 146 ; ajdahunyadvár ; XIV Városliget ; M M1 zéchenyi fürdő) est une réplique 'une forteresse de Transylvanie, grémentée d'ailes gothique, omane et baroque et de détails illustrant les différents styles architecturaux visibles en Hongrie.

Le chroniqueur inconnu

La statue encapuchonnée en face du château de Vajdahunyad représente Anonymus, le chroniqueur inconnu de la cour du roi Béla III, qui rédigea l'histoire des premiers Magyars. Dans sa main, un crayon à la pointe étincelante, que les écrivains (confirmés ou non) caressent dans l'espoir de trouver l'inspiration.

Carnet pratique

Tramway sur le pont de la Liberté (p. 55) GEHRINGJ / GETTY IMAGES ©

Avant de partir

Hébergement

Auberges dans des appartements reconvertis, chambres chez l'habitant dans des résidences excentrées, pensions de luxe dans les collines de Buda, cinq-étoiles facturant jusqu'à 350 € la nuit, boutiques-hôtels ou pensions de famille : le choix est vaste à Budapest même s'il est plus limité à Buda que de l'autre côté du Danube, à Pest. Il vaut cependant mieux réserver bien à l'avance pour juillet et août.

- Budapest offre une myriade d'appartements meublés en location, bon marché à plusieurs. Hors saison, les hôtels proposent d'importantes réductions et l'on peut parfois s'offrir le luxe d'une nuit dans un palace pour 100 €. Les prix grimpent en août.

- Se loger en centre-ville permet de se rendre à pied vers de nombreux centres d'intérêt et dans les bars du quartier juif. Évitez cependant de résider dans ce dernier (rues Kazinczy, Akácfa, Dob, Holló) si vous désirez être au calme.

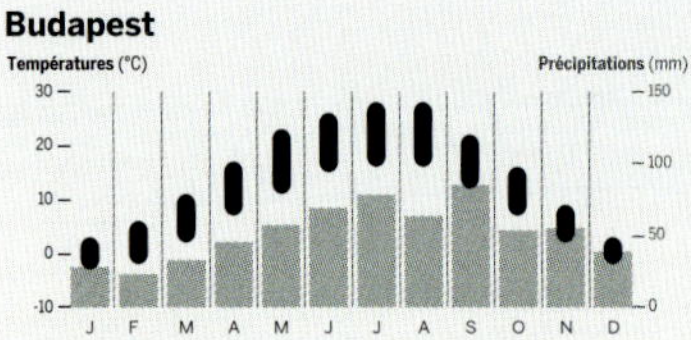

Quand partir

- **Printemps (avril-mai)** C'est l'époque la plus agréable pour visiter Budapest et voir ses jardins fleuris sans la foule.
- **Été (juin-août)** Les températures dépassent 30°C en été et atteignent facilement 40°C au plus chaud des mois de juillet et août. Il y a beaucoup de touristes, moins d'habitants entre le 1er et le 20 août.
- **Automne (sept-oct)** L'"été des vieilles dames" (septembre et octobre) est très agréable. Les vendanges (*szüret*) sont fêtées.
- **Hiver (nov-fév)** Dès novembre, il fait nuit à 16h. Il y a souvent de la neige et les températures peuvent descendre jusqu'à -10°C le jour et -20°C la nuit. Certains sites réduisent leurs horaires ou ferment jusqu'à mi-mars.

Sites Web

- **Lonely Planet** (lonelyplanet.fr). Renseignements touristiques, forum de voyageurs...
- **Best Hotel Service** (www.besthotelservice.hu). Hébergement petits budgets.
- **Discover Budapest** (discoverbudapest.com). Agence de voyages se chargeant aussi de l'hébergement.
- **Hip Homes Hungary** (www.hiphomeshungary

:om). Propose de beaux ıppartements pour ;éjours courts.

Mellow Mood Group www.mellowmood.hu). Chaîne proposant une ;rande variété d'options.

ˀetits budgets

laverick City Lodge ☎ 1-793 1605 ; www. ıavericklodges.com ; ;azinczy utca 24-26 ; ort à partir de 10-22 €, 40-70 € ; @ ᯤ ; M M2 ıstoria). Auberge de ɜunesse moderne, lotée d'excellents ·quipements.

ihantee House (☎ 06 0 402 0328, 1-385 8946 ; ʏww.shanteehouse.com ; I Takács Menyhért utca 3 ; lit dans une yourte 0-40 €, grand/petit ort à partir de 12/14 €, 37-46 € ; P @ ᯤ ; 🚌 7, 53, 🚋 19, 49). Accueil haleureux dans cette uberge de Buda, ntourée d'un agréable ırdin avec hamacs.

:en House (☎ 06 0 688 7599 ; www. enhouse-budapest.com ; I Repkény utca 11 ; ch/tr 7/32 € ; ᯤ ; 🚌 29, 🚋 17, 9, 41, 🚞 Szépvölgyi út). :tablissement familial t paisible offrant des hambres privées pacieuses et élégantes.

Catégorie intermédiaire

Baltazár (☎ 1-300 7051 ; baltazarbudapest. com ; I Országház utca 31 ; ch/ste à partir de 170/240 € ; ❄ ᯤ ; 🚌 16, 16A, 116). Hôtel de catégorie moyenne dans le quartier chic du Château.

Casati Budapest Hotel (☎ 1-343 1198 ; www.casatibudapesthotel. com ; VI Paulay Ede utca 31 ; ch 90-140 € ; P ❄ ᯤ ; M M1 Opera). Un superbe édifice du XVIIIe siècle, où les antiquités s'intègrent au design contemporain.

Hôtel Papillon (☎ 1-212 4750 ; www.hotelpapillon. hu/fr ; II Rózsahegy utca 3/b ; s/d/tr 49/69/75 €, app 89-99 € ; P ❄ ᯤ ≋ ; 🚋 4, 6). Ses chambres à la simplicité monacale offrent une vue splendide sur le Danube (demandez-en une côté fleuve).

Catégorie supérieure

Art'otel Budapest (☎ 1-487 9487 ; www. radissonhotels.com/fr-fr/ hotels/artotel-budapest ; I Bem rakpart 16-19 ; ch/ ste à partir de 150/200 € ; P ❄ ᯤ ; 🚋 19, 41). Hôtel très design au bord du Danube.

Hotel Palazzo Zichy (☎ 1-235 4000 ; www. hotel-palazzo-zichy.hu ; VII Lőrinc pap tér 2 ; ch/ ste à partir de 110/160 € ; P ❄ @ ᯤ ; M M3 Corvin-negyed, M3/4 Kálvin tér, 🚋 4, 6). Un hôtel-palais impressionnant sur une charmante petite place.

Arriver à Budapest

Aéroport international Ferenc Liszt

L'aéroport international Ferenc Liszt (BUD ; ☎ 1-296 7000 ; www.bud.hu) de Budapest possède deux terminaux modernes situés côte à côte, à 24 km au sud-est du centre-ville.

Le terminal 2A accueille les départs et les arrivées des vols en provenance des pays de l'espace Schengen. Les vols depuis/vers les autres destinations

Un fil d'Ariane en Voyage

Vous êtes ressortissant français ? Pensez à vous enregistrer sur le **portail Ariane** (pastel.diplomatie.gouv.fr/fildariane) du ministère des Affaires étrangères. Ce service gratuit vous permet de recevoir des alertes si la situation le justifie. Crise politique, catastrophe naturelle, attentat... recevez en temps réel des consignes de sécurité lors de votre voyage

utilisent le terminal 2B, situé à côté.

Le SkyCourt relie les deux terminaux. Dans chaque terminal et dans le SkyCourt, vous trouverez des bureaux de change tenus par Interchange (8h-1h) et des DAB. Le terminal 2A concentre une demi-douzaine d'agences de location de voitures. Des consignes sont disponibles 24h/24 au rez-de-chaussée du SkyCourt.

Bus et métro Le moyen le moins cher (mais le plus lent) de gagner le centre-ville depuis l'aéroport est de prendre le bus n°200E (350 Ft, 450 Ft à bord du bus ; 4h30-23h50) – l'arrêt se situe sur le trottoir entre les terminaux 2A et 2B – jusqu'à la station de métro Nagyvárad tér, puis la ligne 3 du métro jusqu'au centre-ville. De minuit à 4h, le bus de nuit n°900 effectue le trajet.

Navette La navette de l'aéroport **MiniBUD** (1-550 0000 ; www.minibud.hu ; aller simple à partir de 2 000 Ft) transporte les passagers depuis les deux terminaux directement à leur hébergement, dans des minibus de 9 places. Vous pouvez acheter votre billet auprès d'un des bureaux du hall des arrivées, mais vous devrez peut-être attendre que le véhicule soit plein. Pour le retour, il faut réserver au moins 12 heures à l'avance.

Taxi Le réputé **Főtaxi** (1-222 2222 ; www.fotaxi.hu) a le monopole des courses au départ de l'aéroport. Comptez environ 7 200 Ft pour Pest/Buda.

Depuis la France

- **Air France** (3654 ; www.airfrance.fr) assure plusieurs vols quotidiens depuis Paris pour Budapest (environ 140 €, durée du vol 2 heures 10).

Les compagnies low cost **easyJet** (www.easyjet.com) et **Transavia** (www.transavia.com) proposent plusieurs vols directs Paris-Budapest par semaine à un prix pouvant descendre jusqu'à 80 € pour un aller-retour. **Ryanair** (www.ryanair.com) assure une liaison Paris-Budapest (depuis Beauvais) 4 fois par semaine pour environ 80 € aller-retour.

Depuis la Belgique

- **Brussels Airlines** (02 723 23 62 ; www.brusselsairlines.com) propose quelques vols directs entre Bruxelles et Budapest (environ 150 €

'aller-retour). **Wizzair** www.wizzair.com) et **?yanair** (www.ryanair.com) ıssurent chacune une iaison quotidienne entre Charleroi-Bruxelles-Sud ıt Budapest (à partir de 10 € avec Wizzair, 35 € ıvec Ryanair).

Depuis la Suisse

Swiss International Airlines (☎ 0 848 '00 700 ; www.swiss. om) assure une iaison quotidienne Zurich-Budapest (vols Genève-Budapest ıvec correspondance ı Zurich, à partir de 200 CHF).

Depuis le Canada

n'existe pas de vols lirects entre le Canada ıt la Hongrie, mais des ols avec escale dans les villes européennes. Renseignez-vous uprès d'**Air Canada** ☎ 888 247 2262 ; www. ircanada.com), **Air Transat** (☎ 877 872 728 ; www.airtransat. om) et **Travel Cuts** ☎ 800 667 2887 ; ww.travelcuts.com).

Train

Aucun train direct ne ircule entre la France, a Belgique, la Suisse et la Hongrie. Il faut changer au moins une fois en Allemagne et/ou en Autriche. De Paris, compter environ 17 heures de train avec changement à Munich. **SNCF** (☎ 3635 ; www. oui.sncf).

Gares ferroviaires Keleti, Nyugati et Déli

Ces trois gares sont toutes reliées aux stations de métro du même nom ; quand celui-ci ne circule pas, des bus de nuit prennent le relais.

Gares routières Népliget et Stadion

Situées respectivement sur les lignes de métro M3 et M2, ces deux gares sont desservies par le tram n°1.

Comment circuler

Bus

Budapest et ses environs sont sillonnés par un vaste réseau de bus circulant sur 268 itinéraires de jour et de nuit. Sur certaines lignes, le même bus peut comporter un "E" après son numéro : il s'agit d'un express qui marque des arrêts moins nombreux.

Les services débutent vers 4h30 et s'arrêtent entre 21h et 23h50 selon les lignes. Le reste du temps, 40 bus de nuit (avec un numéro à trois chiffres commençant par un 9) circulent toutes les 15 à 60 minutes, toujours en fonction des lignes.

Voici les itinéraires les plus utiles (en bleu sur la plupart des plans de Budapest) :

N°7 Coupe à travers une grande partie du centre de Pest en suivant XIV Bosnyák tér et VII Rákóczi út, avant de franchir le pont Élisabeth jusqu'au sud de Buda. Le n°7E dessert la même ligne mais avec moins d'arrêts.

N°15 Dessert la majeure partie de la ville intérieure, de IX Boráros tér à XIII Lehel térn, au nord de la gare ferroviaire Nyugati.

N°105 Va de V Deák Ferenc tér à XII Apor

Vilmos tér, dans le centre de Buda.

Métro

- Budapest possède quatre lignes de métro souterraines. Trois d'entre elles convergent à Deák Ferenc tér (uniquement) : la ligne 1 (petit métro jaune ou métro du Millénaire) de Vörösmarty tér à Mexikói út, à Pest ; la ligne 2 (rouge) de la gare de Déli, à Buda, jusqu'à Örs vezér tere, à Pest ; et la ligne 3 (bleu) d'Újpest-Központ à Kőbánya-Kispest, à Pest. La ligne 4 (vert) circule de la gare de Kelenföldi, dans le sud de Buda, à la gare de Keleti, à Pest, où elle rejoint la ligne 2. Elle relie la ligne 3 à Kálvin tér.
- Premier départ des quatre lignes de métro vers 4h30 et dernier départ vers 23h30.

Le train de banlieue HÉV compte cinq lignes numérotées de H5 à H9 (de Batthyány tér, à Buda, vers Szentendre, au nord, via Óbuda et Aquincum ; au sud jusqu'à Csepel et Ráckeve ; à l'est vers Gödöllő). Il fait quasiment office de cinquième ligne de métro.

Tramway

Les trams sont souvent plus rapides que les bus et plus agréables pour admirer la ville. Il y a 32 lignes.

Voici les plus importantes (indiquées en rouge sur les plans de Budapest) :

N°2 Longe le Danube côté Pest, de V Jászai Mari tér à IX Boráros tér et au-delà.

Nos 4 et 6 Très pratiques, ils partent respectivement de XI Fehérvári út et XI Móricz Zsigmond körtér, dans le sud de Buda, et suivent la totalité du Grand Boulevard, à Pest, avant de rejoindre II Széll Kálmán tér, à Buda. Le tram n°6 passe toutes les 10 à 15 minutes 24h/24.

N°19 Part du sud de Buda, suit XI Bartók Béla út, traverse le quartier de Tabán et longe le Danube jusqu'à I Batthyány tér.

Nos 47, 48 et 49 Relient V Deák Ferenc tér, à Pest, et différents points du sud de Buda via le Petit Boulevard.

N°61 Circule entre XI Móricz Zsigmond körtér, la gare ferroviaire Déli et II Széll Kálmán tér, à Buda.

Taxi

Bon marché par rapport à d'autres villes européennes, les taxis sont totalement réglementés, avec une prise en charge fixe (700 Ft) et un tarif au kilomètre (300 Ft). La période d'attente est facturée 75 Ft/minute.

- Soyez cependant prudent quand vous en hélez un dans la rue.

Faites des économies

Si vous prenez souvent les transports publics, un forfait vous facilitera la vie. Il vous évitera d'acheter un billet à chaque trajet, d'avoir affaire aux contrôleurs et vous reviendra moins cher.

Ne montez jamais dans ın taxi ne disposant ›as d'une plaque l'immatriculation aune et d'un badge l'identification sur le ableau de bord (comme exige la loi), du logo l'une compagnie éputée sur l'extérieur les portes latérales et l'un tableau des tarifs :lairement affiché à intérieur de la porte ırrière droite.

• Parmi les compagnies es plus connues igurent :

• **Budapest Taxi** (1-777 7777 ; www. udapesttaxi.hu)

• **City Taxi** (1-211 1111 ; vww.citytaxi.hu)

• **Főtaxi** (1-222 2222 ; vww.fotaxi.hu)

• **Taxi 4** (1-444 4444 ; vww.taxi4.hu).

nfos ›ratiques

\rgent

lonnaie Forint (1 € = :56 Ft). Pour connaître es derniers taux de hange, consultez e site www.xe.com.)e nombreux hôtels mentionnent leurs prix en euros.

DAB On en trouve partout.

Cartes bancaires Largement acceptées.

Bureaux de change À éviter (en particulier ceux de V Váci utca). Préférez les banques.

Pourboire Laisser un pourboire est largement répandu. Dans les restaurants, la coutume est de laisser 10 à 15% si l'on est satisfait. Ne laissez jamais l'argent sur la table, mais indiquez au serveur la somme qui lui revient et il vous rendra la monnaie en conséquence. Pour les taxis, vous pouvez arrondir la course.

Cartes de réduction

La **Budapest Card** (www.budapestinfo.hu ; 6 490/9 990/ 12 990/ 15 990/18 900 Ft pour 24/48/72/96/120 heures) permet de circuler dans les transports publics, inclut l'entrée

Pas d'impairs

Les Hongrois font preuve d'une grande politesse dans leurs échanges au quotidien, ce qui se traduit par un langage châtié, même chez le boucher ou le coiffeur.

Salutations Les jeunes se saluent en se disant *Csókolom* ("je l'embrasse" – la main, bien sûr). Les gens de tous âges, même les amis proches, se serrent d'ailleurs la main.

Demander de l'aide Dites *legyen szíves* ("s'il vous plaît") pour attirer l'attention et *bocsánat* ("désolé") pour vous excuser.

Dîner chez l'habitant Si vous êtes invité quelque part, apportez un bouquet de fleurs ou une bouteille de bon vin hongrois.

Fêtes (saints du calendrier) En Hongrie, souhaiter sa fête à quelqu'un est aussi courant que de lui souhaiter un bon anniversaire. On offre généralement des fleurs, des friandises ou du vin.

dans une sélection de musées (p. 21) et deux visites guidées à pied de la ville, ainsi que des réductions sur d'autres visites guidées, dans des agences de location de voitures, des thermes, et dans de nombreux bars et restaurants. En vente à l'office du tourisme et en ligne (à des tarifs plus avantageux).

Désagréments et dangers

- N'essayez pas de voyager sans ticket dans les transports publics – vous vous feriez prendre, avec une amende à la clé.
- Les taxis sont désormais bien plus réglementés mais évitez les "indépendants" sans nom de société sur la portière ; ce sont de simples particuliers plus susceptibles de vous escroquer.
- Certains bars et restaurants facturent parfois de façon excessive : vérifiez toujours l'addition.
- Les pickpockets sont assez répandus dans les lieux publics très fréquentés.

Électricité

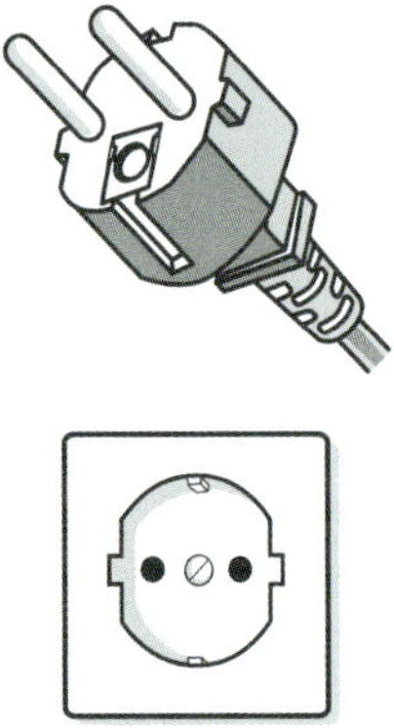

Type F
230 V/50 Hz

Formalités et visas

- **Pays de l'UE et espace Schengen** Un passeport ou une simple carte d'identité suffit.
- **Canada** Visa inutile pour les séjours touristiques de moins de 90 jours. Un passeport suffit.
- **Reste du monde** Renseignez-vous auprès de l'ambassade ou du consulat correspondant.
- Renseignez-vous sur les exigences actuelles en matière de visa sur le site Internet du **ministère des Affaires étrangères** (www.konzuliszolgalat.kormany.hu).

Handicapés

Budapest a beaucoup fait ces dernières années pour améliorer l'accès des lieux publics aux handicapés ; la plupart des bus sont accessibles, la signalisation sonore dans les rues et en braille dans les ascenseurs est désormais monnaie courante. Pour plus de renseignements, contactez :

APF France handicap (☎ 01 40 78 69 00 ; www.apf-francehandicap.org ; 17 bd Auguste-Blanqui, 75013 Paris)

Fédération hongroise des associations de handicapés (MEOSZ ; ☎ 1-388 2387 ; www.meosz.hu ; III San Marco utca 76).

Heures d'ouverture

Banques 7h45 ou 8h-17h lundi-jeudi, fermeture entre 14h et 16h vendredi.

Bars 11h-minuit dimanche-jeudi, 11h-2h vendredi et samedi

Clubs 16h-2h dimanche-jeudi, 16h-4h vendredi et samedi ; certains n'ouvrent que le week-end.

Entreprises de 9h ou 10h à 18h lundi-vendredi, jusqu'à 13h ou 14h samedi

Épiceries et supermarchés 7h-19h lundi-vendredi, 7h-15h samedi ; certains jusqu'à midi le dimanche

Magasins 10-18h lun-vendredi, 10h-13h sam

Restaurants 11h-23h ; à partir de 8h pour le petit-déjeuner.

Jours fériés

La Hongrie compte 10 *ünnep* (jours fériés) annuels.

Jour de l'an 1er janvier

Fête nationale 15 mars

Dimanche et lundi de Pâques mars/avril

Fête du Travail 1er mai

Dimanche et lundi de Pentecôte mai/juin

Saint-Étienne 20 août

Journée du souvenir de 1956 23 octobre

Toussaint 1er novembre

Fêtes de Noël 25 et 26 décembre

Offices du tourisme

Le bureau **Budapest Info** (☎1-576 1401 ; www.budapestinfo.hu ; V Sütő utca 2 ; 🕑8h-18h ; Ⓜ M1/2/3 Deák Ferenc tér, 🚋47, 49) situé près de Deák Ferenc tér est la meilleure source d'information sur Budapest. Il fournit des renseignements sur les sites et vend des plans, mais il est parfois pris d'assaut en été.

Il existe une **annexe** (plan p. 148 ; Olof Palme sétány 5, patinoire ; 🕑9h-19h ; Ⓜ M1 Hősök tere) dans le bois de la Ville et des kiosques d'information dans les halls des arrivées des terminaux 2A et 2B de l'aéroport international Ferenc Liszt.

Téléphone

- L'indicatif téléphonique de la Hongrie est le ☎36.
- Toutes les localités hongroises ont un indicatif régional à deux chiffres, à l'exception de Budapest qui a pour indicatif le ☎1.
- Il faut toujours composer le ☎06 pour appeler un téléphone portable.

Toilettes

- Les toilettes publiques sont assez répandues mais souvent en mauvais état.
- Comptez généralement de 200 à 300 Ft.
- Les toilettes des restaurants et des centres commerciaux sont une bien meilleure solution.

Urgences

Ambulances (☎ 104)

Police (☎ 107)

Pompiers (☎ 105)

Urgences (☎112)

Langue

Le hongrois est une langue de la branche finno-ougrienne et compte 14,5 millions de locuteurs dans le monde. Bien qu'originellement apparentée au finnois, la langue hongroise ne ressemble à aucune autre langue. Cependant, les sons ne sont pas difficiles à prononcer. Il vous suffira de suivre les indications pour lire les mots et expressions écrits dans ce chapitre et vous faire comprendre.

Lorsqu'une voyelle comporte un accent (par exemple *á*), il s'agit d'une voyelle longue. Les consonnes doubles (par exemple *tt*) sont prononcées de manière plus appuyée qu'en français. *O* se prononce comme le son "o" dans "bateau", tandis que le *a* sans accent est entre le "a" et le "o" (ici transcrit en "â"). *S se prononce "ch", z se prononce "j", sz se prononce comme le "s" en français.* Dans la langue écrite, les accents n'indiquent pas l'intonation, qui porte souvent sur la première syllabe d'un mot.

Dans nos indications de prononciation, les syllabes sont séparées par un point (par exemple *kon·tsèrt*) de façon à isoler chaque unité de son. Les voyelles longues comportent une ligne horizontale (par ex. *ā*). La version hongroise apparaît en italique.

Conversation de base

Bonjour
Szervusz. (sg) — *ser·vus*
Szervusztok. (pl) — *ser·vus·tok*

Au revoir
Viszlát. — *vis·lat*

Oui/Non
Igen/Nem — *i·gèn/nèm*

S'il vous plaît *(poli/informel)*
Kérem/Kérlek — *ké·rem/ kér·lèk*

Merci
Köszönöm. — *keu seu·neum*

Je vous en prie
Szívesen. — *sī vè·shèn*

Excusez-moi
Elnézést kérek. — *el né·zésht ké·rèk*

Pardon
Sajnálom. — *shây·na·lom*

Parlez-vous anglais ?
Beszél/ angolul ? — *bè·sél/ ân·go·loul*

Je ne comprends pas.
Nem értem. — *nèm ér·tèm*

Au restaurant

Le menu s'il vous plaît.
Az étlapot sè·rèt·ném — *âz ét·lâ·pot szeretném.*

J'aimerais une spécialité locale.
Valamilyen helyi specialitást szeretnék. — *vo·lo·mi·yen he·yi shpe·tsi·o·li·taasht se·ret·nayk*

Que me conseillez-vous ?
Mit ajánlana? mit o·yaan·lo·no

Avez-vous un plat/menu végétarien ?
Vannak Önöknél vegetáriánus ételek ? vân·nâk eu·neuk·nél vè·gè·ta·ri·a·nouch é·tè·lèk

J'aimerais..., s'il vous plaît.
Legyen szíves, hozzon egy... le·dyen si·vesh hawz·zawn ej...

Santé ! (à une personne)
Egészségedre! è·gés·shé·gèd·rè

Santé ! (à plusieurs personnes)
Egészségetekre! è gés·shé·gè·tèk·rè

C'était délicieux !
Ez nagyon finom volt! ez no·dyawn fi·nawm vawlt

L'addition s'il vous plaît.
A számlát szeretném â sam·lat sè·rèt·ném

Shopping

J'aimerais acheter
Szeretnék venni sè·rèt·nék vèn ni

Je regarde simplement.
Csak nézegetek. chok nay·ze·ge·tek

Est-ce que je peux le voir ?
Megnézhetem? meg·nayz·he·tem

Combien cela coûte-t-il ?
Mennyibe kerül ? mèn'·nyi·bè kè·rul

C'est trop cher.
Ez túl drága. èz toūl dra·gâ

Il y a une erreur dans la facture.
Valami hiba van a számlában. vo·lo·mi hi·bo von o saam·laa·bon

Urgences

Au secours !
Segítség! shè·gīt·shég

Allez-vous-en !
Menjen el! men·yen el

Appelez la police !
Hívja a rendőrséget! hīv·yâ â rend·ēūr·shé·gèt

Appelez un médecin !
Hívjon orvost! hīv·yon or·vosht

Je suis perdu(e).
Eltévedtem. èl·té·vèd·tèm

Je suis malade.
Rosszul vagyok. ros·soul vâ·dyok

Où sont les toilettes ?
Hol a vécé ? hol â vé tsé

Heure et nombres

Quelle heure est-il ?
Hány óra ? han' ō·râ

Il est (dix) heures.
(Tíz) óra van. (tīz) ō·râ vân

matin	*reggel*	règ·gèl
après-midi	*délután*	dél·ou·tan
soir	*este*	èch·tè
hier	*tegnap*	tèg·nâp
aujourd'hui	*ma*	mâ
demain	*holnap*	hol nâp
1	*egy*	ed'
2	*kettő*	ket·tēū
3	*három*	haa·rawm
4	*négy*	nayd'
5	*öt*	eut
6	*hat*	hot
7	*hét*	hayt
8	*nyolc*	nyawlts
9	*kilenc*	ki·lents
10	*tíz*	tiz
100	*száz*	saaz
1000	*ezer*	e·zer

Transports et orientation

Où se trouve (le marché) ?
Hol van (a piac) ? — *hol vân (â pi·âts)*

Quelle est l'adresse ?
Mi a cím ? — *mi·â·tsīm*

Pouvez-vous me montrer (sur la carte) ?
Meg tudja mutatni nèkèm (a térképen) ? — *mèg toud·yâ mou·tât·ni nekem (â tér·ké·pèn)*

S'arrête-t-il au (Parlement) ?
Megáll (Parlamenthez) on? — *meg·aall (por·lo·ment·hez) on*

À quelle heure part-il ?
Mikor indul? — *mi·kawr in·dul*

Arrêtez-vous là s'il vous plaît.
Kérem, álljon meg itt. — *kay·rem aall·yawn meg itt*

Ce taxi est-il libre ?
Szabad ez a taxi? — *so·bod ez o tok·si*

rue	*utca*	*ut·ca*
route	*út*	*oūt*
place	*tér*	*tér*
avenue	*fasor*	*fa·chor*
boulevard	*körút*	*ko·roūt*
pont	*híd*	*hid*
arrondissement	*kerület*	*ke·ru·let*

Panneaux

Bejárat	**Entrée**
Kijárat	**Sortie**
Nyitva	**Ouvert**
Zárva	**Fermé**
Információ	**Information**
Tilos	**Interdit**
Mosdó	**Toilettes**
Férfiak	**Hommes**
Nők	**Femmes**

Questions

Quoi ?	*Mi ?*	*mi*
Quand ?	*Mikor ?*	*mi·kor*
Où ?	*Hol ?*	*hol*
Lequel/ laquelle ?	*Melyik ?*	*mè·yik*
Qui ?	*Ki ?*	*ki*
Pourquoi ?	*Miért ?*	*mi·ért*

En coulisses

/os réactions ?

/os commentaires nous sont très précieux pour améliorer nos guides. Notre équipe lit vos lettres avec la plus grande attention et prend en compte ·os remarques pour les prochaines mises à jour. Pour nous faire part de vos éactions, prendre connaissance de notre catalogue et vous abonner à notre newsletter, consultez notre site Internet : **www.lonelyplanet.fr**

Nous reprenons parfois des extraits de notre courrier pour les publier dans nos guides ou sites Web. Si vous ne souhaitez pas que vos commentaires soient repris ou que votre nom apparaisse, merci de nous le préciser. Notre politique en matière de confidentialité est disponible sur notre site Internet.

Jn mot de l'auteur

Steve Fallon

Merci à Virág Katona, Judit Maróthy, Dávid Máté, Ildikó Nagy Moran, Bea Szirti et Adrian Zador pour eurs précieuses suggestions, à Gábor Banfalvi et Péter Lengyel pour m'avoir aiguillé sur les bonnes routes du vin, à Tony Láng et Balázs Váradi qui m'ont éclairé sur la politique, à Michael Buurman qui m'a une nouvelle fois ouvert son appartement et à Tal Lev pour son hospitalité. *Nagyon szépen köszönöm mindenkinek !* Et, comme toujours, j'aimerais dédier ce livre à mon compagnon Michael Rothschild, avec tout mon amour et ma gratitude.

Crédits photo

Photographie de couverture : Vue sur Budapest, Katarzyna Maksymiuk/ Shutterstock ©

Photographies pp. 28-29 (dans le sens des aiguilles d'une montre à partir du haut à droite) : waku/Shutterstock ©, photo.ua/Shutterstock ©, posztos/Shutterstock ©

À propos de cet ouvrage

Cette 5e édition française du guide *Budapest en quelques jours* est une traduction-adaptation de *Pocket Budapest (4th edition)*. De nombreuses descriptions de sites ont été reprises de la 1re édition française écrite par Florence La Bruyère.

Traduction Hélène Demazure
Direction éditoriale Didier Férat
Responsable prépresse Jean-Noël Doan
Adaptation française Sophie Senart
Maquette Christian Deloye, Caroline Donadieu
Cartographie Cartes originales adaptées en français par Eduardo Yanes Blanch, mises à jour par Caroline Sahanouk
Couverture Adaptée en français par Laure Wilmot
Merci à Camille Marie pour sa préparation du manuscrit, à Bernard Guérin pour sa relecture attentive et à Vahagn Terzian pour son travail de référencement.

Index

Voir aussi les index :
Se restaurer p. 167
Prendre un verre p. 168
Sortir p. 169
Shopping p. 169

A

B

C

Références des **sites**
Références des **cartes**

Références des **sites**
Références des **cartes**

Se restaurer

Prendre un verre

Références des **sites**
Références des **cartes**

Notes

Notes

Nos auteurs

Steve Fallon

Originaire de Boston, Steve a vécu plus de 12 ans à Hong Kong et y a ouvert une librairie spécialisée dans le voyage. Il a ensuite passé 3 ans à Budapest, avant de déménager à Londres en 1994. Il a écrit ou contribué à plus de 100 titres Lonely Planet.

Auteur contributeur

Florence La Bruyère a été correspondante à Budapes et elle couvre toujours la Hongrie pour *Libération*, RFI et Radio France. Elle avait rédigé la première édition du titre *Budapest en quelques jours* et nombr de ses descriptions de monuments et musées se retrouvent dans la présente édition.

Budapest en quelques jours
5e édition
Traduit et adapté de l'ouvrage *Pocket Budapest, 4th edition, November 2021*

92 avenue de France - 75013 Paris
Photographes © comme indiqué 2021
Dépôt légal Octobre 2021
ISBN 978-2-81619-322-0
Imprimé par L.E.G.O. Spa (Legatoria Editoriale Giovanni Olivotto), Italie

En Voyage Éditions | un département édi8